海を「視る」技術

インドネシア・バンガイ諸島サマ人の漁撈と環境認識

中野真備
Makibi Nakano

京都大学学術出版会

タミレ村の眺望

かつては陸地と接することなく沖合に築かれていた海上集落は、2000年5月の地震によって全壊した。大半の住民はタミレ湾沿岸に移住し、現在のタミレ村がつくられた。右手奥に数軒ある家屋のうち左にあるのは旧集落のモスク跡で、そのほかは生簀管理のための小屋である。さらに対岸には震災後に旧タミレ村から移住した人びとがつくったL村があり、タミレ村とは日常的に往来がある。

擬似餌でタコを誘き寄せる漁師たち

近年では国際市場の需要の変化からマダコ科の採捕が盛んになり、若年層や非専業漁師までもが参入するようになった。タミレ村に擬似餌チポが導入されるとすぐに広まり、今や主な漁法のひとつとなっている。

タミレ村の陸側集落の風景

タミレ村現集落は、それぞれほぼ同じくらいの面積の海側集落と陸側集落から成る。海側集落は多くが漁家世帯である一方、陸側集落には仲買人や小売業者、公務員などが多く居住している。タミレ村の人口は増加傾向にあるが、陸側にはもう新しく家を建てる土地がほとんど残っていない。

エイの肉を干す男性

海上家屋には露台が併設されていることが多い。露台は洗濯や漁獲物の解体をおこなう場でもあり、おしゃべりをする溜まり場でもある。天気のよい日にはエイやサメ、魚類が干されていて、どこを歩いていても塩干魚の特有の臭いが立ち込めている。

海上家屋のようす

軒先で干されている種々のナマコ

19世紀のバンガイ諸島は、スラウェシ島東部における周期的・季節的なナマコ交易における交通の要衝であったと考えられる。タミレ村でも2019年頃まではブギス人の仲買人がナマコやフカヒレを買い集め、軒先で干している風景をよく見かけた。しかし、次第に資源が減少し、加えてコロナ禍の中国市場による輸入制限を受けたことは大きな打撃だった。

タミレ村の眺望

かつては陸地と接することなく沖合に築かれていた海上集落は、2000年5月の地震によって全壊した。大半の住民はタミレ湾沿岸に移住し、現在のタミレ村がつくられた。右手奥に数軒ある家屋のうち左にあるのは旧集落のモスク跡で、そのほかは生簀管理のための小屋である。さらに対岸には震災後に旧タミレ村から移住した人びとがつくったL村があり、タミレ村とは日常的に往来がある。

擬似餌でタコを誘き寄せる漁師たち

近年では国際市場の需要の変化からマダコ科の採捕が盛んになり、若年層や非専業漁師までもが参入するようになった。タミレ村に擬似餌チボが導入されるとすぐに広まり、今や主な漁法のひとつとなっている。

タミレ村の陸側集落の風景

タミレ村現集落は、それぞれほぼ同じくらいの面積の海側集落と陸側集落から成る。海側集落は多くが漁家世帯である一方、陸側集落には仲買人や小売業者、公務員などが多く居住している。タミレ村の人口は増加傾向にあるが、陸側にはもう新しく家を建てる土地がほとんど残っていない。

エイの肉を干す男性

海上家屋には露台が併設されていることが多い。露台は洗濯や漁獲物の解体をおこなう場でもあり、おしゃべりをする溜まり場でもある。天気のよい日にはエイやサメ、魚類が干されていて、どこを歩いていても塩干魚の特有の臭いが立ち込めている。

海上家屋のようす

軒先で干されている種々のナマコ

19世紀のバンガイ諸島は、スラウェシ島東部における周期的・季節的なナマコ交易における交通の要衝であったと考えられる。タミレ村でも2019年頃まではブギス人の仲買人がナマコやフカヒレを買い集め、軒先で干している風景をよく見かけた。しかし、次第に資源が減少し、加えてコロナ禍の中国市場による輸入制限を受けたことは大きな打撃だった。

村内の海産物市場

タミレ村が旧集落にあった頃、周辺の沿岸部では定期市があり、農産物を持ち寄るバンガイ人と海産物を持ち寄るサマ人が物々交換をする場としてたいへん賑わっていた。現集落への移転後、タミレ村内に海産物や青果物、生活用品の市場が公設された。女性たちは夫の漁獲物を販売するだけでなく、村内で水揚げされた漁獲物を買い取り、ウントゥン（利益）を上乗せして販売することで生計を立てている。

好漁場に集まる漁師たち、遠くに離れ岩トゥコーがみえる

村内の市場で魚を売るサマの女性

換金性の高い漁獲物は仲買人宅で直接水揚げされるが、そうでないものは女性たちが村内の海産物市場で販売する。買い手から料理の予定や要望を聞いて切り分け、ときに値切られる。買い手も売り手もみな互いに顔見知りで、海産物市場はさながら女性の社交場のようである。

船の手入れをする漁師たち

2016年から防潮堤が建設されたことで、その外側に砂が堆積し、浜が形成された。漁師たちは、出漁しない日にはここで船蓼など船の手入れをする。また、造船や修理を請け負う小さなドックもある。

隣島でおこなわれる結婚式へ向かう船

バンガイ諸島に散在するサマ人集落は互いに密接した社会関係にあり、毎週のようにどこかの集落で結婚式がある。陸路ではアクセスが困難な集落ばかりのため、大抵は大勢で船に乗り込んで向かうことになる。揺れながら焼き魚やサゴヤシを食べ、雨が降れば協力してビニールシートを張る。折り重なるほど狭い船内は家船を彷彿とさせる。波に揺れて水を被っても笑いが絶えない。

離れ岩トゥコーを通るサマの漁師

トゥコーには、切り立った奇岩のようなものもあれば、波蝕によって少しずつ削られたのか低く崩れたような形のものもある。外海へ出漁する手釣り漁師たちにとって、沖合に孤立するこの奇岩は重要な目標物である。

はじめに

　あなたが初めて訪れるところ、あるいは見知ったところにいるとして、それからどうやって目的地を目指すだろうか。地図やスマートフォンは持っていない。道路や地名の書かれた標識もない。そこにひとり、ぽつんと置かれている。

　私が大学院の約6年間を過ごした京都の街は、ご存知の通り、碁盤の目のようなつくりをしている。引っ越してしばらくは「〇〇通西入ル」という住所の意味がわからなかった。通りの名前も方角も頭に入っていなかったために、タクシーの運転手さんに目的地をうまく説明できずに困ったことは一度や二度ではない。

　生まれ育った埼玉県山麓のベッドタウンでは、山々の間を縫うようにして、町をつなぐ街道や幹線道路があって、その道沿いに店が並び、駅を中心に街が栄えていた。だから、車ならなんとなく道なりに進み、徒歩ならまずは駅に向かえば、メインストリートに出ることができた。その他の枝道は、行政上はあったのだろうが、名前などほとんど意識したことがなかった。地元においてさえ、覚えているのは、むかしパン屋さんがあった角の細い道とか、丁寧に花壇を手入れしている家の角とか、そういう目印ばかりだ。

　だから京都に住みはじめてからというもの、南北・東西それぞれの通りの名前を覚えているのは当たり前で、その交差点から東西南北のどちらに

i

向かってに進むのかを示すような感覚に、さっぱりついていけなかったのだ。

　航海術に関心をもって大学院に進学し、せっかく知らない街にきたのだからと、色々なことを試してみた。あるときは「ナチュラル・ナヴィゲーション」［グーリー 2013］に憧れて、樹木、風、生物を目印にして道を見つけてみようと、あえて地図やスマートフォンを見ずに歩いてみた。しかし、こうした目標物の連なりや位置関係から京都の街を覚えることは、結局できなかった。数ヶ月、数年と過ごすうちに、私も頭のなかに真上から見た碁盤を描くようになっていたからだ。

　このように、環境の事物を手がかりとしてどのように空間を認知するか、そのなかで目的地や自分の位置をどのように把握して経路を探るのか、というウェイファインディング（wayfinding）あるいは広義のナヴィゲーション（navigation）には、さまざまな思考法がある。そのありかたは、環境のもつ空間的特徴によっても異なるし、探索者の知識や経験によっても異なる。さらに、環境そのものも必ずしも常に変わらずそこにあるわけではない。

　久しぶりに訪れた道や街区で、右折の目印にしていたコンビニが潰れていて、曲がるべきところをうっかり過ぎてしまうこともあるだろう。いつも見ていた案内板が道ごと雪に埋もれていては、その先をどう進んでいいのかわからなくなる。

　まして常に流れ、動き続ける海には、標識や看板を立てることもできない。幹線道路や駅もなく、南北と東西の通りもない。さらに地図も GPS（Global Positioning System：全地球測位システム）もスマートフォンもなかったら、人間はどのように自分や目的地の位置を知り、広大な海を移動することができるのだろうか。

　海を生活や生業の場とする各地の人びとは、海を移動するために様ざまな技術を編み出してきたことが知られている。

　たとえば島嶼間の距離が離れたオセアニアの海では、ミクロネシアのス

ター・コンパスに代表されるように、天体などを観察することによって洋上の自分の位置を把握する遠洋航海術が発達した［秋道 1981］。日本では、サンゴ礁の浅い海で海底の地形を読み、漁場を探す技術［三田 2015；高橋 2018］や、遠方に見える山と島の「見えかた」から自船や目的地の位置を知る、ヤマアテとよばれる技術がある［五十嵐 2017］。このように世界各地で、地図や GPS がなくても、海を安全かつ効率的に移動するための在地の知識や技術が培われてきた。

　2016 年、大学院 1 年目が終わるころ、インドネシア東部の島々を数ヶ月かけてまわり、サマ人（あるいはバジャウと呼ばれる人びと）の海上集落をたずね歩いているときのことだった。バンガイ諸島という離島群をかれらの漁船に乗せてもらって移動する機会があった。初めて訪れたその海で真っ先に感じたのは「思っていた景観ではない」ということだった。見渡す限り水平線が続くような海原でもなく、海底が見通せるほどの浅い海ばかりでもない。小さな岩や島、岬が眼前に現れては過ぎ去る。それらが視界から途切れることはない。その土地をよく知らない私でも、自分のいる場所を見失うことはないように思われた。

　それなのに、この海で生まれ育ち、見慣れているはずの男は、エンジンにまかせてぼんやり船を走らせているというよりも、何かを探すように注意深く周囲を見渡していた。くわえ煙草で舵を取るが、けっしてリラックスしてはいなかった。それから何度も船に乗る機会があったが、いずれの漁師も多かれ少なかれ、皆そうだった。

　おそらくかれらは、この海を進むための目印を見落とさないように注意していたのだ。それにしても、いったい何をそんなに注意深く視る必要があるのだろうか？　同じ船に乗り、同じ景観を前にしていたのに、素人の私には視えない何をかれらは視ていたのだろうか？

　2017 年にバンガイ諸島のある村で、漁撈の技術や知識をテーマにフィールドワークをはじめた。正直にいえば、この調査は難航した。少しずつ習得していったかれらの言語で、どこの漁場に行ってきたのか、その名前を尋ねることはできた。しかし、一体その漁場がどこにあるのか、どうやっ

てそこに向かうのかがわからなかった。漁師たちのなかで皆が「こうだ」というルートはあるようでなかった。地図を見せても「ここだ」とあちこちを指差すばかりでよくわからなかった。

　しかし、話しているうちに、かれらが漁場へのルートを思い出すときに、いつも船上からみえる風景にはじまり、特定の岩や岬の名前を連ねたり、それらと自分との位置関係によって説明したりしていることに気づいた。そこでまず、漁師が海を移動するときに連ねている言葉の体系に目を向け、そこで用いられる言葉のひとつひとつを収集し、それらの語彙の絡まり合いからかれらの海の環境認識を探ろうとした。このような試みは、言いかえればバンガイ諸島の漁師たちとともに海をめぐる辞典を編みあげるような作業だった。ただし、言葉を取り出し記載するだけでは、実際の行為のなかでどう用いられているのか、あるいはどのような動きのなかで生成される言葉なのかは分からない。それでは、かれらの環境認識を静的に捉えたに過ぎない。本書は、漁撈という動的な行為に紐付けることで、海を移動する漁師たちがかれらを取りまく環境をどのように認識しているのかを捉えようとする。

　本書が焦点をおくのは、インドネシア東部バンガイ諸島に住むサマ人、あるいはバジャウと呼ばれる人びと（以下、サマ人）である。サマ人は、かつて船を住まいとして、海産物の採捕などに従事しながら移動生活を営んできた人びとである。西欧や日本の文献では「漂海民（sea nomads）」とも称されてきた。現在は定住化が進み、沿岸部を中心に海上集落が形成されるようになった。その地域的範囲は国境をまたぎ、フィリピン、マレーシア、インドネシアの 3 カ国におよぶ。

　東南アジア研究においては、大陸部から島嶼部にかけての海を媒介とした社会文化圏を「東南アジア海域世界」とよんできた ［e.g. 高谷 1996；立本 1996］。サマ人は、この東南アジア海域世界の海民集団のひとつである。かれらは、たとえ他民族を出自としていてもサマ語の使用などを通して「サマ化」していくなど、異種混淆的な性格の強い集団であることが指摘されてきた ［長津 2012］。混淆を経て生成されてきた「サマ人」たちは、その

社会的ネットワークをたどって移動・移住を繰り返し、海域世界を横断してきた。

　本書が描き出そうとするものは、東南アジア島嶼部3カ国のこのような「サマ人」集団すべてに共通する環境認識のありかたでは必ずしもない。冒頭で示したように、環境によっても個人によっても、異なるナヴィゲーションの技法が培われてきた可能性があるからだ。まして、多様な出自をもつ「サマ人」に真正性や均質性を見出そうとすることは有効とはいえない。一方で、サマ人たちの移動性の高さは、移住先の環境に容易に適応できるような技術や知識に裏打ちされているとも考えられる。ただし、それを明らかにすることは、かれらの環境認識のありかたを地域の文脈に定位し、フィールドワークの中から具体的に書き起こすことによって初めて可能になる。本書はその土台を提示するものである。本書の主題は、このような背景を引き受けつつ、バンガイ諸島のサマ人漁師たちの漁撈技術、特に海上ナヴィゲーションの技法の分析を通して、かれらの環境認識のありかたを描き出すことにある。

　本書は、序論を併せて全6章から成る。序章では環境認識に関する先行研究を概観して、学術的背景から問題の所在を提示し、それを受けて本論文の視座を明示する。

　第1章では本書が対象とするバンガイ諸島のサマ人の生活世界について、生態環境、調査村の形成史、現在のくらしを概況し、サマ研究における位置づけを示す。

　第2章では、バンガイ諸島のサマ人による漁撈活動について、漁具と漁法、利用される魚類や漁場、適漁期、海上ナヴィゲーションの技法を整理する。

　第3章からは手釣り漁師に焦点をあて、海に対する民俗分類と空間的配置の側面から、バンガイ諸島の地理的・生態学的条件に適応した空間認識の特徴を描き出す。

　第4章では、漁撈で利用される魚類・漁場・目標物に対する命名と民俗分類の特徴や相互関係性を、海上ナヴィゲーションにおける景観と関連づ

けながら考察する。

　以上をもとに第5章においては、海を「視る」技術をめぐる論点を整理する。これを受けて、多島海を生きるサマ人の漁撈から人間—環境関係を捉え直し、結論とする。

引用文献

秋道智彌「Satawal 島における伝統的航海術——その基本的知識の記述と分析」『国立民族学博物館研究報告』5（3）: 617-641. 1981.

五十嵐忠孝「トカラ列島漁民の"ヤマアテ"——伝統的漁撈活動における位置測定」人類学講座編集委員会編『生態』（人類学講座　12）（新装版）139-161. 雄山閣. 2017（1977）.

グーリー、トリスタン『ナチュラル・ナビゲーション——道具を使わずに旅をする方法』（屋代通子訳）紀伊國屋書店. 2013.

高橋そよ『沖縄・素潜り漁師の社会誌——サンゴ礁資源利用と島嶼コミュニティの生存基盤』コモンズ. 2018.

高谷好一『「世界単位」から世界を見る——地域研究の視座』京都大学学術出版会. 1996.

立本成文『地域研究の問題と方法——社会文化生態力学の試み』京都大学学術出版会. 1996.

長津一史「『海民』の生成過程——インドネシア・スラウェシ周辺海域のサマ人を事例として」『白山人類学』15（15）: 45-71. 2012.

三田牧『海を読み、魚を語る——沖縄県糸満における海の記憶の民族誌』コモンズ. 2015.

目　次

はじめに　　*i*

凡例　*x*

序章　海を生きる人びとの世界 -- *1*

第1章　多島海を生きるサマ人の生活世界 ---------------------------- *20*

1-1　バンガイ諸島タミレ村の自然環境　*24*

1-2　タミレ村　小史　*31*

1-3　タミレ村のサマ人のくらし　*34*

1-3-1　人口と集落の分布　*34*

1-3-2　タミレ村の「サマ人」　*36*

1-3-3　タミレ村のくらし　*38*

1-4　サマ／バジャウという人びと　*46*

vii

第2章　バンガイ諸島サマ人の漁撈活動 -- 53

2-1　漁法と漁具　*57*
2-1-1　漁船　*57*
2-1-2　漁法　*64*

2-2　魚類　*82*

2-3　漁場　*87*

2-4　適漁期　*89*

2-5　ナヴィゲーション　*99*
2-5-1　ヤマアテ／ヤマタテ　*99*
2-5-2　スター・ナヴィゲーション　*105*
2-5-3　ナチュラル・ナヴィゲーション　*108*
2-5-4　位置特定技術のパターン　*110*

第3章　海の民俗分類と空間的配置
──手釣り漁師の空間認識 --- *116*

3-1　海の空間分類　*120*
3-1-1　海底微地形　*120*
3-1-2　海の空間分類　*123*
3-1-3　海底微地形語彙の意味範疇　*130*

3-2　海の空間的配置　*132*
3-2-1　スケッチマップ調査　*132*
3-2-2　手釣り漁師Fのスケッチマップ　*135*
3-2-3　漁場、目標物、ルート　*143*

3-3　「面的」認識、「線的」認識、「スポット的」認識　*145*
3-3-1　海の「面的」空間認識と「線的」空間認識　*145*

3-3-2　海の「スポット的」空間認識　*146*

第4章　魚類・漁場・目標物の民俗分類 ------------------------------ *150*

4-1　魚類　*155*
4-1-1　調査方法　*155*

4-1-2　魚類の命名　*156*

4-1-3　語彙の構造と構成要素　*174*

4-2　漁場　*178*

4-3　目標物　*184*
4-3-1　離れ岩の命名　*184*

4-3-2　岬の命名　*187*

4-3-3　湾の命名　*188*

4-3-4　天体の命名　*190*

4-3-5　目標物の語彙構成　*191*

4-3-6　海上景観　*193*

4-3-7　目標物の命名とサマ集団／非サマ集団　*194*

4-4　魚類・漁場・目標物の語彙の相互関連性　*196*

第5章　海を「視る」技術 -- *202*

あとがき　*216*

索引　*221*

凡　例

1. 外国語の人名と地名については、初出時にカタカナ表記に続いて原語のローマ字アルファベット表記を付記する。その後は基本的にカタカナのみ記す。ただし国名などよく知られたものについては、初出時からカタカナ表記のみとする。

2. インドネシア語およびサマ語については、初出時にカタカナ表記に続いて原語のローマ字アルファベット表記をイタリック体で付記する。その後は基本的にカタカナのみとする。必要に応じて、カタカナ表記の前に訳語も付記する。

3. インドネシア語およびサマ語のカタカナ表記について、原則として母音には長音符号を加えない。

   子音の ng[ŋ]は、直後に母音をともなって音節をつくる場合には「ンガ」行、音節の区切りまたは語尾に位置する場合は「ン」で記す。

   （例）パマンガン　*pamangan*

   　　　ルッパサン　*Luppasang*

   語末の子音 p、t、k、b、d、g については、カタカナ表記を付さない。

   （例）ルッコッ　*lukkok*

   　　　プカッ　*pukat*

   語末の子音 h は長音符号を加える。

   中舌・半狭のあいまいな母音[ə]は「ウ」で記す。

4. インドネシア語の原語表記は慣例による。

5. サマ語の音素について、まず母音は i、e、a、u、o に加え、中舌母音[ə]の 6 つがあるが、[ə]は一般的な表記通り "e" で記す。このうち、i、a、u は二重母音 ai、au にもなる。

   子音は b、c、d、g、h、j、k、l、m、mb、mp、n、nc、nd、ng、ngg、nj、ngk、ns、nt、ny、p、q、r、s、t、w、y、がある。

6. 本文に記載しないが、サマ語のアクセントはインドネシア語と同様に、基本的に後ろから 2 番目の音節にある。

7. サマ語の表記については、調査対象者によるアルファベット表記に基づく。

8. 文献や聞き取りを引用する際のキッコウカッコ〔　〕は筆者による注記であることを示す。"……" は省略を示す。

序　章

海を生きる人びとの世界

　ばうん、ばうん、とスピードボートは跳ねるように波を乗り越えた。遠くの海上に、ぽつんと岩が切り立っているのが見えた。わずかに草木が生えているが、岩がちで砂浜もなく、人が住んでいるようにもみえなかった。ただの岩のようだが「バトゥ（石、岩）」というにはそれはあまりに大きかった。ふり落とされないように舷をつかみ、波に合わせて腰を浮かせることで衝撃を受け流した。激しく揺れながらも見逃すまいと、一瞬で過ぎ去っていく島のような岩を必死で目で追っていた。

　同船していた元漁師のオチェに「あのプラウ（島）はなんて名前なの？」と聞くと、彼はエンジンの轟音の隙間から「あれはプラウじゃない、トゥコーだ」と大声で返した。

　「トゥコーってなに？」

　「プラウのひとつみたいなものさ。マキビの（持っているインドネシア語の）辞書にもあるだろう」

　話しているうちに岩は視界の横を通りすぎて、すぐに豆粒大になってい

く。沿岸の岩壁に近づくにつれ、返ってくる波はますます強くなった。波は船体にぶつかって激しい音を立てていた。私たちは互いの耳元で声を張りあげて会話することを諦めて、いくつもの岩や岬が眼前に現れては過ぎてゆくのを眺めていた。

　バンガイ諸島は、インドネシア・スラウェシ島東部に位置する離島群でその数は無人島を含めると400ほどになる。マルク海とバンダ海に挟まれた、ごく狭い範囲に散在する島々からなる多島海は、陸路のアクセスはめっぽう悪い。ただし、海で生きる人々にとってはそれほど不便というわけではない。砂浜海岸や浅い内湾には漁撈を生業とする人びとが暮らし、海を道路のようにして自由に往来している。その代表的な集団のひとつに、サマ人あるいはバジャウとよばれる人びとがいる。

　本書冒頭で述べたように、サマ人は、ナマコやフカヒレなど海産物の採捕に従事しながら船上生活をおくってきた、移動性の高い海の民である。定住化した現在も、かれらの多くは漁撈を主な生業としている。

　海底の魚までも見通せるような浅いサンゴ礁の海で、屋根のついた船の舳先に立って水棹を挿す。これまで読んだサマ研究のどの本にもそんな写真が載っていて、サンゴ礁で網を仕掛けたり、魚を突いたりする漁撈のようすが書かれていた。

　サマという人びとにぼんやりと興味をもちはじめた頃、1997年にバンガイ諸島を訪れたというサマ研究者の長津一史さんから「ペレン島の沖合にサマ人の巨大な杭上集落がある」という情報を得た。捻くれ者で都市や内陸から離れたかった私は、「陸から完全に離れた沖合の集落」というところに惹かれて、その集落を予備調査の候補として書き留めておいた。

　それからサマ人の移動や航海術の調査をしようと、2016年11月から数ヶ月かけて中スラウェシ州や北マルク州のかれらの集落を何十ヶ所もまわって歩いた。そのなかで実はいちばん最初に訪れたのが、他でもないバンガイ諸島だった。

　地図と名前を頼りにたどり着いたタミレ村は、大きく様変わりしていた。2000年に大地震が発生し、沖合の海上集落が全壊してしまったのだ。巨

大な杭上集落はほとんどまるごと、内湾にへばりつくように移転され、陸地とゆるやかにつながっていた。このときたまたま出会った老年の男性——のちに調査の頼もしい協力者となる元漁師オチェ——は、海を移動するときに星や山を目印にすることを教えてくれた。しかし、そうはいってもこれだけ岩や島があれば、目的地までの道を探すまでもなく、迷うこともないように思えた。

　縁あって翌年の夏にタミレ村に住みはじめた。毎日オチェや漁師たちについてまわり、漁撈や自然環境のことを教わりながら少しずつサマ語を覚えていった。とはいえ、恥ずかしながら当時の私はお世辞にもインドネシア語すら流暢とはいえなかった。調査から帰ると、ベッドの上でインドネシア語の辞書をめくり、サマ語と日本語とともにノートに書き留めた。それを知っていてオチェは、冒頭のように答えたのだ。

　ところが1ヶ月も経たないうちに、この辞書を開くことはほとんどなくなってしまった。私のインドネシア語能力が劇的に向上したからではない。漁撈や海にまつわる言葉のほとんどがインドネシア語に訳せないものだったからだ。インドネシア語でなんというのか、と聞くと漁師たちはああでもない、こうでもないと互いに相談して、なにかしらの言葉を教えてくれた。しかしそれは「妥協案」だったり、あるいは冒頭の「トゥコー」のように（かれらはインドネシア語だと思っているが）そもそもインドネシア語ではなかったりした。漁師たちの航海術を知るためには、まずかれらの言葉で何がどう表されているのかを知る必要があった。

　サマ人が居住する東南アジア島嶼部3カ国（フィリピン、マレーシア、インドネシア）のサマ語については、地域によっては辞書がまとめられていることもある。しかし、後述するようにサマ語には方言があり、相互に意思の疎通ができないほど語彙や文法が異なる場合もある。タミレ村の漁師たちが用いる言葉もまた、必ずしもサマ語一般に共通するものではなかった。これらをサマ語のバンガイ地域方言といってよいのかは、言語学者ではない筆者が断定することはできない。ただ少なくとも、バンガイ諸島のサマ人漁師たちの文化のなかで形成されてきた豊かな民俗語彙があった。

かれらは漁撈の文化、とくに海を移動するためのナヴィゲーションを実践するなかで、自然環境をかれらなりに見分けたり、名づけたり、分類したりしてきた。それを明らかにしようとすることはまた、漁師たちがかれらをとりまく海という自然環境をどのように認識しているのか、という問いにつながることでもあった。

　本書は、2017年からバンガイ諸島タミレ村で断続的に実施してきたフィールドワークに基づいて、サマ人の漁撈における環境認識を描き出すものである。本書冒頭で述べたように、岩や島が途切れることなく視界に散らばるバンガイ諸島の海は、一見すると素人でも道に迷うことのない景観にみえた。しかし、あのとき注意深く周囲を見渡していた男は何を「視て」いたのか。本書はこの素朴な疑問からはじまり、タミレ村のサマ人漁師たちの環境認識に迫ろうとする。そのために、海上を移動する漁師たちのナヴィゲーションに着目し、命名と民俗分類という切り口から分析しようとするのである。

環境観に対する2つのアプローチ

　海を生きる人びとがもつ海を利用するための知識や技術、環境認識は、大きくは漁撈文化（fishing culture/maritime culture）と呼ばれている。漁撈文化とは、漁撈の技術と活動だけでなく、獲得した海洋生物の利用や流通機構、漁撈が資源量や環境に与える影響、社会や文化のもたらす問題点までを射程におくものである。加えて、漁撈をおこなう人びとのもつ知識や自然観、さらにそうした知識を具体的な漁撈活動で発揮する戦略や活動の仕方までも含まれる［秋道1995：8-9］。

　人類を含めすべての生物は、自然環境の条件下で生存を維持し、子孫を残すために身体・生理機能や行動によって適応し、進化してきた。そうした生物の一部には、自然環境条件を制御したり改変したりするような活動

によって環境に適応したものもいる。なかでも、人類の文化による適応は
際立っている。人類による様々な活動が、環境条件への適応においてど
のような意味をもつのかを解明することは、生態人類学などの分野におい
て重要かつ不可欠な課題とされてきた。

　ここで用いられる「環境」という語に注意しておきたい。ここでいう環
境とは、ある主体のまわりに存在する事物あるいは事象だけでなく、その
主体となんらかのかかわりをもつ諸要因の総体をも含む。たとえば人間の
存在する環境でいえば、前者は個人の知覚（認識）や活動とは無関係に存
在する客体的環境、後者は活動主体である人間の認知する世界であり、そ
れが個体の活動を条件づけるような主体的環境といいかえられる［渡辺
2017（1977）：22-26］。

　このように「環境」には、人間の認知との関わりによって、二つの側面
を見出すことができる。人間が認知する環境（主体的環境）は、環境観と
も言い表すことができる。生態人類学は、これをさらに三つの側面（物質
的側面、超自然的側面、審美的側面）に分け、それぞれに対して人間が活動
（技術的活動、儀礼的活動、審美的活動）によって適応してきたことを論じ
てきた。言いかえれば、主体的環境における人間―環境関係とは、人間の
活動を通してみることのできるものとして、実践や行為など生体の活動面
からアプローチしてきたのである［渡辺 2017（1977）］。

　しかし、環境観は活動によってのみ支えられているわけではない。あえ
て対象化させていうならば、精神的な側面がある。活動面からのアプロー
チを提示した渡辺自身も「一体人々は自分自身で環境をどのように眺め感
じ考えているのか――人々の生活にかかわる環境とはどのようなものなの
か――これを理解・把握することなしにその行動（文化・生活）を理解す
ることは難しいはずである」［渡辺 1981］と述べているように、環境観の
二側面は不可分な関係にあり、包括的に捉えられるべきものである。

　漁撈文化においても活動面と精神面は切り離すことのできないものであ
る。たとえばある魚類は禁忌であるから捕らえないという例は精神面が活
動面に影響を与えるものであり、潜り漁をするから海底を熟知している例

は活動面が精神面に影響を与えるものである。本書が対象とするサマ人の漁撈文化もまた、漁師たちがバンガイ諸島の海を生きるなかで生成されてきた。

　かれらが漁撈をおこなう多島海には、海底も魚類も視認できないほど深い外海も含まれる。このような不可視性を備えた海を、サマ人漁師たちはどのように生きているのだろうか。また、漁撈活動の実践のなかで、環境に対する認識はどのように絡みあっているのだろうか。

　本書は、とくに海上移動におけるナヴィゲーション行為に着目し、その背景にある環境認識の様相を命名や民俗分類から読み解こうとするのである。

自然環境をどのように認識しているのか

　前項で述べたように、環境観について人間の活動面からアプローチしたものが生態人類学だとすれば、精神面からアプローチする取り組みは、民俗学や地理学、人類学などの諸分野にみられる。「ある土地に生きる人びとが、その自然環境をどのように認識しているのか」という根源的な問いに対する試みは、特に 1950 年代後半にその端を発する認識人類学（cognitive anthropology）にみることができる。認識人類学とは、文化をその内側から記載するものであり、土地の人びとによって用いられる概念と名称（方名）を採集し、これらを手がかりとして精神にかかわる知識の体系（＝文化）を明らかにするものである。なかでも、自然環境を対象とした認識人類学は、それぞれに異なる自然環境のもとに生活する人びとが、かれらをとりまく自然をどのように認識しているのかを明らかにするものである［松井 1983：275、308］。

　松井［1991］は、認識人類学の志向性について次のように述べている。

序章　海を生きる人びとの世界

　　物事、行動、情緒感情といった現象を、感覚し組織化していく、ひ
　とつの固有な体系が、それぞれの集団に存在している。これこそが文
　化であり、その文化を秩序づけ組織化するひとつの体系、すなわち認
　識体系を発見することが、認識人類学の最終的な目標なのである。[松
　井 1991：7]

　つまり認識人類学は、ある文化を、個々の文化的事象や出来事にではな
く、その背後に隠れている認識そのものに見出そうとするのである。
　他方で、人びとの認識を理解するためにどのような方法を採るかという
点に、認識人類学のもうひとつの特徴がある。認識人類学の方法論は、そ
のデータ収集と分析の手法において顕著である。まず資料収集段階では、
状況や条件を調査者によってコントロールされた抽出（controlled eliciting）
の方法がある。つづいてその結果を適切に記述するための形式分析（formal
analysis）がある［松井 1991：17-18］。このような形式主義的な記述研究の
方法は、文化人類学における伝統的な文化観に対する批判的立場に立脚し
ている。つまり、対象地域の外側である調査者側の用語を安易にあてはめ
て整理するのではなく、対象とする人びとの用いる概念と名称を重視する
立場であり、そのなかから体系や秩序を見出すことで、文化を内側から描
き出そうとするのである［松井 1983；1991］。たとえばある生物に対する
認識について、生物学的な分類法をあてはめて分析するのではなく、対象
とする人びとの用いる分類法を重視して理解しようとするのである。
　このような試みの源流は、19 世紀半ばにさかのぼる。当時、急速に変
容しつつあるアメリカ大陸先住民諸集団の伝統文化を記録・保存しようと
するなかで、人びとの生物に対する知識や認識の記録が進められ、民俗生
物学（folk biology）が成立していった。
　民俗生物学においては、人びとの用いる名称や分類が記録されてきた。
ここに新しい展開をもたらし、認識人類学の成立に貢献したのは、ハロル
ド・C・コンクリン（Harolld. C. Conklin）であった。コンクリンは『ハヌ
ノオ文化の植物世界との関係（The Relation of Hanunóo Culture to the Plant

World)』[Conklin 1955] において、フィリピン・ミンドロ島で焼畑耕作を
おこなうハヌノオ（Hanunóo）とかれらをとりまく植物世界について、言
語学的手法を援用し、その分類や利用、メタファー的側面を描き出した。
それまでの民俗生物学的研究は、ある植物にはどのような語彙が与えられ、
どのように分類されるのかという、分類された結果としての民俗分類を記
録するものであった。コンクリンは加えて、どの部分や形質に着目して分
類するのかという、分類過程そのものも考察の対象としたのである。

　ここに、民俗分類という方法概念が確立され、これを契機として、言語
学と密接に連繫しながら認識人類学の基礎が固められた。これは、その後
より厳密な方法で、より限定された領域（たとえば色名）について通文化
比較をおこなうことで、人類に普遍的な特徴を見出す方向へと発展された。

民俗分類学的研究の有用性と課題

　コンクリンをはじめとする民俗分類研究は、人びとの環境認識を理解す
るための有効な方法論を提示した一方、その志向性を狭めるようにもなっ
ていった。コンクリンがハヌノオの人々のおこなう植物に関する民俗分類
のあり方を記載するために応用したのは、言語学では語彙素分析（lexeme
analysis）と呼ばれる分析方法であった。語彙素（lexeme）とは語彙の基礎
単位のことであり、語彙素分析とは、採集された方名が語彙素としてどの
ような性格を示すかを分析するものである [松井 1983：329-330]。厳密な
言語学の方法を援用することによって、ハヌノオの人びとの民俗分類のあ
りかたを調査者が持ちこんだ概念で歪めることなく記載し、分析すること
が可能になったのである。

　コンクリンの手法をもとに、ブレント・バーリン（Brent Berlin）とポー
ル・ケイ（Paul Kay）はこれを他地域においても適用しうるモデルを開発
した。「バーリン・システム（Berlin system）」とよばれるこのモデルによっ

て、民俗分類体系の通文化的比較がおこなわれ、そこから人類全体に普遍的な語彙や分類の特徴が探られた［Berlin and Kay 1969；Brown 1977］。こうして発展した民俗分類研究は、動物や植物などの分類体系をそれぞれ別の社会からとり出して、主にはバーリンらの手法を用いて記載し、それらを相互に対照・比較するという分析手法によるものであった。

　バーリンらの手法は、たしかに後の民俗分類研究を進めるための多くの問題を提起し、また隣接する研究分野にも影響を与えた。ただし、同時にその志向性を狭めることにもつながったといえる。バーリンらによる通文化的研究は、より厳密な方法を用いて、より限定された領域を対象とする必要があり、こうした手順によって見出される文化は形式的な言語構造に基づいていた。

　他方で、文化的特徴を描きだすための手がかりとして民俗分類を扱う動きもあった。たとえば、複数地域の比較や対照をおこなうのではなく、個別社会の民俗分類を扱い、柔軟な方法で文化を探求する研究がある。この柔軟性はとくに、民俗分類と、社会文化的側面の事象や出来事、世界観と関係づける姿勢に見出すことができる［Douglas 1957；Hallowell 1969；Tambiah 1969］。ここでは、言語を手がかりとして、どのような意味領域を対象とするかが重要な点となった。これらは特に、自然物や病、親族名称などの領域において蓄積されてきた。ただしこれらの研究は、民俗分類体系を抽出し記述することで個別社会の文化を探るというよりも、その土地の人びとの認識に、言語を含めた諸項目から迫る民族誌的な試みであったといえよう。

　前項で述べたような民俗分類そのものの個別性や独自性を探求する試みは、1980年代以後に多くみられるようになる。たとえば限定された地域内での中規模の比較［松井 1983：302-303］や、同一環境下の言語文化的伝統の異なる集団の対照研究［Akimichi and Sakiyama 1991］などが挙げられる。松井らの研究は、バーリンらの手法をさらに形式化したり新たな語彙素分析の手法を編み出したりするのではなく、分析対象の設定などに工夫を加えたものだった。言いかえれば、ある社会や集団における固有な体系

を理解するために、民俗分類学的手法を援用しつつ、その課題をのりこえようとする試みでもあった。

こうして「人びとが自然環境をどのように認識しているか」ということの形式的特徴は、記載や分析などの手法の工夫によって、より深く理解されるようになった。しかし、名称や分類が生活のなかで実際にどのように用いられているのかということに焦点があてられるようになったのは、もう少し後のことであった。

民俗分類におけるこのような運用的な側面は、エスノ・サイエンス (ethnoscience) とよばれることもある。民俗分類とエスノ・サイエンスは、ともに人びとの知識を対象としている。前者は知識の外枠のような形式的特徴を扱う。これに対してエスノ・サイエンスは、知識の運用や機能など内実についての研究である。

分類は、あるものを他とは異なるものとして、何らかの基準をもとに区別すること、また同じものとしてまとめることであり、生活のなかでもっとも基本的な概念のひとつである。人びとのあらゆる認知や行動が分類を前提としているとすれば、人びとの知識とは、民俗分類を基礎として、そのうえに多様なエスノ・サイエンスが積み上げられたものとみることができる［松井 1991］。

コンクリンはもともと形式的特徴としての民俗分類だけでなく、その運用的側面をも対象としていた。しかし、日常生活における民俗分類の知識の応用という課題は、その後の認識人類学では閑却されてきた［松井 1983］。1990 年代に注目されるようになった民俗分類の研究は、初期の民俗分類研究とエスノ・サイエンスの（再）統合とみることができる。

本章ではこれまで、「人びとは自然環境をどのように認識しているか」という問いに人間の精神面からアプローチしたものが認識人類学であること、またその対象は知識の形式的特徴だけでなく運用的側面も含まれるようになったことを述べた。生業にかかわる研究においては、もうひとつ重要なことに留意しなければならなかった。環境認識の理解なしに人びとの行動を理解することはできないように、人びとの行動を把握せずに環境認

10

識を理解することはできない。たとえば、ソロモン諸島で漁をおこなう人びとは魚類を出現時間に着目して命名、分類する。これは、漁撈の活動時間帯との関係に基づくものである［Akimichi 1978］。名称や分類が、特に漁撈や農耕などの生業のなかで用いられている場合には、環境認識を行動的側面も捉える必要があった［Johnson 1974；Akimichi 1978；Ellen 1993］。その意味で、環境認識を理解するための研究は、狭義の認識人類学にとらわれず、生態人類学や認知科学、生態心理学など周辺領域とも接合するようになった。

　ここでは初期の認識人類学にはないものも対象化されるようになった。それまでは、動物や植物といった生物が主要な対象であった。これに対し、たとえば人文地理学との接合において、空間分類の研究が積極的に取り組まれ、後述するように多くの成果をあげた。さらに、こうした言語活動を社会的な文脈や相互行為を関連づけたアプローチなどが展開された［高田2020］。これらは認識人類学の延長というよりも、それぞれに新たな人類学的領域として展開してきたといえよう。このように、認識人類学の課題をのりこえるために、多分野との接合、あるいは新たな領域への展開が進められた。

　しかし、自然を利用する人びとの技術や技能を対象とする場合には、民俗分類を手がかりとすること自体は有用であり続けている。これは、自然を利用して生きる人びとのもっとも基本的な技術のひとつが命名行為であることによる。人間がある環境の事物に対して命名をおこなうとき、そこには人間が自然をどのように認識し、利用しているかということが、自然物の民俗語彙として表れる。自然物の民俗語彙やその分類は生業における行為や実践のなかで運用され、人びとの環境認識を反映する。「海をどのようなものと捉えていますか」と聞かれてもすぐには答えられないように、人間が自然環境に向けるまなざしは、本人ですら自覚していない認識であることが多い。そこで本書は、文化をその内側から記載する認識人類学的アプローチを批判的に援用することによって、環境の事物への命名や分類に内在する人びとの環境認識を見出そうとするのである。

海をめぐる民俗分類

　本書で対象とする、海をめぐる環境認識についても、民俗分類学的手法を用いた研究が蓄積されてきた。海を生きる人びとの知識を対象としたものには、魚類などの生物や空間についての研究が豊富にある。

　魚の民俗分類は、自然界の存在である魚に対して、人が恣意的な意味づけをおこなうことである。そうした恣意性の中に、内在する文化の特性や価値の体系をみることができる［秋道 1984：79］。古くはアンダーソンが香港の船上居住民による魚類の名称などを網羅的に記録し、個別社会における民俗魚類学の嚆矢となった［Anderson 1967］。名称や分類の体系における特徴から文化の特性を論じたものには、ミクロネシア・サタワル島民による魚の命名と分類における性差や両義性に関する研究［Akimichi and Sauchomal 1982］のほか、ソロモン諸島マライタ島における魚の生態や行動に応じた分類の例［Akimichi 1978］などが挙げられる。これらはいずれも魚類のみに着目しているが、魚類に加えて複数の海洋生物への命名と分類を対象とした研究［Moesinger 2018］もある。

　このように個別社会を対象とした研究だけでなく、前項で述べたように複数の集団を対象として、文化的特徴を見出そうとした試みもある。たとえば、ブラジル・アマゾン川流域と大西洋岸のそれぞれの漁師らによる魚類の分別法の差異を論じたもの［Begossi *et al.* 2008］や、隣接地域の異なる集団など地域的・文化的に異なる集団による分類法など、分類者による差異に着目した研究［Medin 2006；Ramires *et al.* 2012；Oliveira *et al.* 2012］、子どもや若年層による魚類等の命名や分類を文化的重要性や教育と関連づけて論じる研究がある［Pizarro-Neyra 2011；Irawan and Muhartati 2019］。

　つづいて空間分類の研究は、人文地理学との接合のなかで精力的に取り組まれてきた。これらは農山漁村の微細地名の分析［関戸 2000；香月 2000；今里 2011］を中心とし、その対象は次第に沿岸部にも拡張された。特にサンゴ礁地形の分類については、日本国内では奄美・沖縄を対象とした研究

に一定の蓄積がある［島袋 1992；三田 2015；渡久地 2017；高橋 2018］。さ
らに、岩場や岩礁などに対する名称の研究［篠原 1995］など、沿岸部全体
や漁場空間を対象とした民俗分類の研究も盛んにおこなわれてきた［上野
2004；安室 2013；2016］。これらの研究は、同じくサンゴ礁を利用するサ
マ人の空間分類の研究［長津 1997］にも大きな影響を与えた。海の生物を
対象とした民俗分類の研究は、海洋保護や資源管理に有効な在来知の可能
性として自然科学分野でも注目される傾向にある［Seixas 2001；May 2005］。
空間分類もまた在地の海洋資源の管理や利用の理解において重要であるこ
とから、生態人類学的研究のなかで名称や分類が報告されることがある
［Sudo 1984; Akimichi 1991; Iwakiri and Mantjoro 1992; Mantjoro and Akimichi 1996］。

　このように、環境認識を行動的側面からも捉える試みは、たとえば魚を
釣る／獲る行為をめぐっては多くの研究がなされてきた。しかし、実はもっ
とも基本的な行為、つまり海上移動をめぐる環境認識は、認識人類学や民
俗分類の対象とはされてこなかった。その理由は、漁撈技術に加えて海上
移動やナヴィゲーションという行為を理解する必要があること、魚やサン
ゴ礁などそれだけで分析対象となるような個別の名称や体系がなかったこ
とが考えられる。ただし、海のナヴィゲーション研究においては、移動者
／探索者の認識する様ざまな名称や分類が詳しく報告されてきた。

　航海や漁撈を目的として海上を移動する人びとは、陸海上あるいは上空
の自然物を目印として利用することがある。島や陸地を視認することので
きる範囲では、ヤマアテあるいはヤマタテと呼ばれる沿岸航法が用いられ
る。ここで用いられる目標物は、山や島だけでなく、岬や岩など様々であ
る。ヤマアテにかんする研究には、これらの自然物の詳細な名称や分類の
記録がみられる［Forman 1967；Igarashi 1974；五十嵐 2017（1977）；卯田・笹
谷 1999；卯田 2001；矢崎 2003］。上空の目標物には、恒星や惑星などの天
体がある。オセアニア海域のように、周囲に陸や島のみえないような大洋
では、天体が海上移動の頼りとなるため、特に熟知されている。代表的な
ものは、星や星座の出没する方位を体系的に知る星座コンパス(sidereal com-
pass) に基づいた航海術である。天体の民俗語彙から成るこの星座コンパ

スをもとにした航海術では、ある島の周囲に現れる魚や流木などの生物・自然物や、海洋現象についても記憶されている [秋道 1994]。他方、多島海の海洋民であっても、インドネシアの海洋民ブギスのように長距離航海をおこなう人びとは天体の知識に長け、天体に独自の命名をおこなうことがわかっている [Ammarell 1999；2008]。

これらはいずれも民俗分類研究としておこなわれたものではなかった。しかし、海上を移動する人びとがナヴィゲーションを実践するなかで無数の自然物から目標物を区別し、名づけ、分類してきたことがうかがえる。

本書の視座と目的

これまで、自然環境の認識人類学的研究について、その課題と有用性について述べた。これをふまえて、まず海をめぐる環境認識の研究における2つの課題を指摘する。次にサマ人を対象とした研究における環境認識の研究の課題を指摘する。最後に、これらを受けて本書の視座と目的を示す。

第一に、海をめぐる民俗分類の研究では、生物や空間がそれぞれ独立して取り出される傾向があること、また自然物はほとんど対象とされてこなかったことが挙げられる。人間が自然を利用して生業、たとえば漁撈をおこなうためには、対象の魚種についてだけでなく、漁場の海底地形の特徴や、漁場に到達するための景観、つまり目印となるような自然物を記憶している必要がある。しかし、これまでの研究においては、それぞれの名称や分類、運用のありかたはほとんど分断されており、生業におけるひとつの行為や活動にかかわる民俗分類としてこれらを統一的に捉える研究はおこなわれてこなかった。

第二に、外洋（外海）漁撈を対象とした環境認識についての研究の不足が挙げられる。外洋域は人びとが利用する海域環境のなかでも、その不可視性において異質である。外海での漁撈活動を対象とした研究では、船上

14

におけるヤマアテのみが空間認識として扱われてきた［中野 2003］。これは、漁場の地理空間へ着目した研究が、そもそも磯のような沿岸部における漁撈活動に集中していることにも起因している。また、海底微地形の詳細な分類や命名のあり方に着目した研究があっても、実際にそうした知識がどのように運用され実践的な技術となり得るのかについてはあまり関心が向けられてこなかった［高橋 2018］。

　第三に、サマ人の研究における漁撈活動や環境認識に関する実証的研究の不足が挙げられる。サマ人を対象とした人類学的研究は、歴史的形成過程や社会的側面が多く取りあげられてきた。それらの研究はサマ人が専業的な漁民であることを強調しつつも、かれらの漁撈活動そのものやその背後にある環境認識については看過する傾向にあった［長津 1997］。例外的には、サバ州南東部のサマ人の漁場や季節区分等についての研究［Sather 1985；1997］、サマ人の漁撈活動と海の空間認識についての研究［長津 1997；中野 2020］、ボルネオ島東岸域のサマ人の漁撈活動を過去と現在で比較した研究［小野 2011］がある。その中でも漁撈活動に議論の焦点をおいている点では、長津と小野による研究が代表的である。近年では、海洋保護区や資源管理を対象とした研究において、サマ語の民俗分類や方名に言及する研究動向もみられる［May 2005；Stacey *et al.* 2012］。ただし、これらは一部の地域に限定されるだけでなく、いずれも方名の資料としての記録に留まり、詳細な分析はおこなわれていない。また、サマ人についての人類学的研究の多くはサンゴ礁で漁撈を営むサマ人を対象としていた。そのため、サンゴ礁のサマ人の漁撈や環境認識が、かれらの伝統的、代表的なものと捉えられる傾向にあった。環境認識は、当然のことながら環境と人間との密接な関係のなかにあり、環境が異なれば、行為も運用も、人間の認知する世界も異なる。

　そこで本書は、不可視性を備えたバンガイ諸島の海を生きるサマ人の漁撈を対象として、かれらの環境認識について、海上移動をめぐる生物・自然物・空間の名称や分類の包括的な分析から明らかにすることを目的とする。これは、サマ人漁師たちによる海に対する恣意的な意味づけを通して、

かれらの漁撈文化を新たな側面から捉えるものである。本書が明らかにすることは、人類はいかに自然との関係を構築してきたのかという、普遍的な問いに迫るものである。

調査の概要

　本書で用いる事例やデータは、2017 年 8 月 18 日〜10 月 20 日、2018 年10 月 16 日〜12 月 1 日、2020 年 1 月 27 日〜2 月 1 日、2023 年 12 月 28 日〜2024 年 3 月 10 日におこなわれた現地調査に基づいている。これに先立って 2016 年 11 月 21 日〜29 日、12 月 17 日〜22 日に予備調査がおこなわれた。このうち、本書の主要な部分を占めるバンガイ諸島タミレ村における調査は、2017 年と 2018 年、2023〜2024 年にされたものである。

　本書で対象とする地域は、インドネシア共和国東部の中スラウェシ州バンガイ諸島で最大面積のペレン島沿岸部に位置するタミレ村である。タミレ村を基点として、バンガイ諸島や周辺の島々の複数のサマ人集落でも聞き取り調査をおこなった。

　タミレ村における調査では、2017 年調査では村長（当時）宅、2018 年以降は元校長宅に滞在した。調査の主な対象は、専業的に漁撈活動に従事する男性漁師たちである。貝類の採集や海藻養殖、活魚の蓄養など、季節性が高い、あるいは副業的な側面の強い生業を除き、各漁法の従事者をそれぞれ 1 名以上含むように元漁師（オチェ）の男性 1 名の紹介で漁撈活動に関する聞き取り調査をおこなった。そのうち数名と元漁師を対象として、サマ語名称の聞き取り調査や漁撈活動への参与観察、直接観察を実施した。数名の漁師に対しては、出漁前後に聞き取り調査および GPS やバネばかりを用いて出漁ルートの追跡や漁獲の計測・計量調査をおこなった。

　2017 年は主にインドネシア語を用いて調査をおこない、調査対象者がインドネシア語をよく理解していない場合には、サマ語をよく解する元漁

16

師がサマ語とインドネシア語の通訳を補助した。2018 年以降はサマ語とインドネシア語を併用して調査をおこなった。タミレ村の若年層はインドネシア語を聞いて話すことができるが、高齢の漁師のなかにはインドネシア語をよく理解していない人もいた。また漁撈にかかわる単語自体がインドネシア語になくサマ語にしかない場合もある。

引用文献

秋道智彌『魚と文化——サタワル島民族魚類誌』海鳴社. 1984.
―――「航海術と海の空間認識——中央カロリン諸島・Satawal 島における事例」『国立民族学博物館研究報告』18（4）: 543-591. 1994.
―――『海洋民民族学——海のナチュラリストたち』東京大学出版会. 1995.
五十嵐忠孝「トカラ列島漁民の"ヤマアテ"——伝統的における位置測定」人類学講座編集委員会編『生態』(人類学講座　12)（新装版）139-161. 雄山閣. 2017（1977）.
今里浩之「民俗分類としての田畑の筆名——命名の基準と空間単位」『国立歴史民俗博物館研究報告』162: 123-139. 2011.
上野智子『地名語彙の開く世界』和泉書院. 2004.
卯田宗平「琵琶湖における船上からの陸地景観認識に関する研究」『日本造園学会ランドスケープ研究』64（5）: 751-754. 2001.
卯田宗平・笹谷康之「船上からの景観認識に関する基礎的研究——「山アテ」行為の事例分析」『都市計画論文集』34: 433-438. 1999.
小野林太郎『海域世界の地域研究——海民と漁撈の民族考古学』京都大学学術出版会. 2011.
香月洋一郎『景観のなかの暮らし——生産領域の民俗』（改訂新版）未来社. 2000.
篠原徹『海と山の民俗自然誌』吉川弘文館. 1995.
島袋伸三「サンゴ礁の民俗語彙」サンゴ礁地域研究グループ編『熱い心の島——サンゴ礁の風土誌』48-62. 古今書院. 1992.
関戸明子『村落社会の空間構成と地域変容』大明堂. 2000.
高田明「環境との関わりを深めること——グイ／ガナの道探索実践における指示詞とジェスチャーの用法」『文化人類学』84（4）: 443-462. 2020.
高橋そよ『沖縄・素潜り漁師の社会誌——サンゴ礁資源利用と島嶼コミュニティの生存基盤』コモンズ. 2018.
渡久地健『サンゴ礁の人文地理学——奄美・沖縄、生きられる海と描かれる自然』古今書院. 2017.
長津一史「海の民サマ人の生活と空間認識——サンゴ礁空間 t'bba の位置づけを中心にして」『東南アジア研究』35（2）: 261-300. 1997.
中野真備「インドネシア・バンガイ諸島のサマ人の外洋漁撈と空間認識」『アジア・ア

フリカ地域研究』19（2）：184-206. 2020.

中野泰「シロバエ考──底延縄漁師の漁場認識とフォーク・モデルの意義」『国立歴史民俗博物館研究報告』105：215-266. 2003.

松井健『自然認識の人類学』どうぶつ社. 1983.

────『認識人類学論攷』昭和堂. 1991.

三田牧『海を読み、魚を語る──沖縄県糸満における海の記憶の民族誌』コモンズ. 2015.

矢崎真澄「沿岸漁民による漁場認知の重層性に関する研究──伊豆半島東南方「シマウチ（シマナカ）」海域の場合」『地理学評論』76（2）：101-115. 2003.

安室知「百姓漁師の漁場認識──ネ（根）の命名をめぐって」『漁場利用の比較研究』（国際常民文化研究叢書1）15-45. 2013.

────『自然観の民俗学──生活空間の分類と命名』慶友社. 2016.

渡辺仁「北方文化研究の課題」『北海道大學文學部紀要』29（2）：77-141. 1981.

────「生態人類学序論」人類学講座編集委員会編『生態』（人類学講座　12）（新装版）22-26. 雄山閣. 2017（1977）.

Akimichi, Tomoya. The Ecological Aspect of Lau（Solomon Islands）Ethnoichthyology. *Journal of Polynesian Science*, 87（4）：301-326. 1978.

────. Sea Tenure and Its Transformation in the Lau of North Malaita, Solomon Island. *South Pacific Study*, 12（1）：7-22. 1991.

Akimichi, Tomoya and Osamu, Sakiyama. Manus Fish Names. *Bulletin of the National Museum of Ethnology*, 16（1）：1-29. 1991.

Akimichi, Tomoya and Sabino, Sauchomal. Satawalese Fish Names. *Micronesica*, 18：1-34. 1982.

Ammarell, Gene. *Bugis Navigation*. New Haven. Yale University Southeast Asia Studies. 1999.

────. Astronomy in the Indo-Malay Archipelago. Helaine Selin ed., *Encyclopedia of the History of the Science, Technology, and Medicine in Non-Western Cultures, 2nd Edition*. 324-333. Berlin and New York. Springer. 2008.

Anderson, Jr., Eugene Newton. *The Ethnoichthyology of the Hong Kong Boat People*. Submitted in Partial Satisfaction of the Requirements for the Degree of Doctor of Philosophy in Anthropology in the Graduate Division of the University of California, Barkley. 1967.

Begossi, Alpina., *et al*. Are Biological Species and Higher-Ranking Categories? Fish Folk Taxonomy on Brazil's Atlantic Forest Coast and in the Amazon. *Current Anthropology*, （49）2：291-306. 2008.

Berlin, Brent and Paul Kay. *Basic Color Terms : Their Universality and Evolution*. Berkeley. University of California Press. 1969.

Brown, Cecil. H. Folk Botanical Life-Forms : Their Universality and Growth. *American Anthropologist*, 79（2）：317-342. 1977.

Conklin, Harold C. *The Relation of Hanunóo Culture to the Plant World*. A dissertation presented to the Faculty of the Graduate School of Yale University in candidacy for the degree of Doctor of Philosophy. 1955.

Douglas, Mary. Animals in Lele Religious Symbolism. *Africa*, 27（1）：46-58. 1957.

Ellen, Roy. *The Cultural Relations of Classification : An Analysis of Nualulu Animal Categories from Central Seram*. Cambridge. Cambridge University Press. 1993.

18

Forman, Shepard. Cognition and the Catch : The Location of Fishing Spots in a Brazilian Coastal Village. *Ethnology*, 6（4）: 417-426. 1967.

Hallowell, Alfred Irving. Ojibwa Ontology, Behaviour and World View. Diamond, Stanley. ed. *Primitive Views of the World.* New York. Columbia University Press. 1969.

Igarashi, Tadataka. A Traditional Technique of Fishermen for Locating Fishing Spots : A Case Study in the Tokara Islands. *Journal of Human Ergology*, 3（1）: 3-28. 1974.

Iwakiri, Shigero. and Eddy, Mantjoro. Traditional Marine Tenure in Indonesia : A Study in Sangihe Islands. *Bulletin of Kagoshima Prefectural College*, 43 : 1-23. 1992.

Johnson, Allen. Ethnoecology and Planting Practice in a Swidden Agricultural System. *American Ethnologist*, 1（1）: 87-101. 1974.

Irawan, Bony and Erda Muhartati. B. Muhartati, E. Identifikasi Nilai Etnosains Pada Kearifan Lokal Berkarang dan Menyondong Ikan Pada Masyarakat Pesisir Bintan. *Pedagogi Hayati*, 3（1）: 53-58. 2019.

Mantjoro, Eddy. and Akimichi Tomoya. Sea Tenure and Its Transformation in the Sangihe Islands of Northe Sulawesi, Indonesia : The Seke Purse-Seine Fishery. *Senri Ethnological Studies*, 42 : 121-146. 1996.

May, Duncan. Folk Taxonomy of Reef Fish and the Value of Participatory Monitoring in Wakatobi National Park, Southeast Sulawesi, Indonesia. *SPC Traditional Marine Resource Management and Knowledge Information Bulletin*, 18 : 18-35. 2005.

Medin, Douglas L. *et al.*, Folkbiology of Fresh Water Fish. *Cognition*,（99）: 237-273. 2006.

Moesinger, Anke. Catching Names : Folk Taxonomy of Marine Fauna on Takuu Atoll, Papua New Guinea. *SPC Traditional Marine Resource Management and Knowledge Information Bulettin*, 39. 2018.

Pizarro-Neyra, J. Peruvican Children's Folk Taxonomy of Marine Animals. *Ethnobiology Letters*, 2 : 50-57. 2011.

de Oliveira, Luiz Eduardo. *et al*. Prototypes and Folk Taxonomy : Artisanal Fishers and Snappers on the Brazilian Coast. *Current Anthropology*, 53（6）: 789-798. 2012.

Ramires, Milena. *et al*. Folk Taxonomy of Fishes of Artisanal Fishermen of Ilhabela（São Paulo/Brazil）. *Biota Neotropica*, 12（4）: 29-40. 2012.

Sather, Clifford. Boat Crew and Fishing Fleets : The Social Organization of Maritime Labour among the Bajau Laut of Southeastern Sabah. *Contribution to Southeast Asian Ethnography*. 4 : 177-198. 1985.

─────. *The Bajau Laut : Adaptation, History and Fate in a Maritime Fishing Society of South-eastern Sabah.* New York. University Press. 1997.

Seixas, Cristina Simao and Alpina Begossi. Ethnozoology of Fishing Communities from Ilha Grande（Atlantic Forest Coast, Brazil）. *Journal of Ethnobiology*, 21（1）: 107-135. 2001.

Stacey, Natasha Ellen. *et al*. Prospects for Whale Shark Conservation in Eastern Indonesia through Bajo Traditional Ecological Knowledge and Community-based Monitoring. *Conservation and Society*, 10（1）: 63-75. 2012.

Sudo, Ken'ichi. Social Organization and Types of Sea Tenure in Micronesia. *Senri Ethnological Studies*, 17 : 203-230. 1984.

Tambiah, Stanley Jeyaraja. Animals Are Goot to Think, and Good to Prohibit. *Ethnology*, 8（4）: 423-459. 1969.

第1章

多島海を生きるサマ人の生活世界

2016年に初めてタミレ村を訪れた翌年の8月18日、再びこの村を訪れた。当時、大学院2年目だった私にとって、それが初めての本格的な調査だった。実は前年、予備調査のために訪れたときには、隣の島から乗せてもらった漁船の都合と潮汐のタイミングがあって、タミレ村に滞在した時間はわずか1時間程度だった。村の船着場に漁船を停めてもらい、その周辺にたまたまいた住民に話を聞いたり、巨大な海上集落を少し歩きまわったりしただけで、すぐに出発しなければならなかった。だからそのときは、陸側にも同じくらい広い集落があり、斜面の上まで続いていることに気づかなかったのだ。漁師たちの多い海側集落と、商売人の多い陸側集落。タミレ村は、大きくこの2つの集落から成る。

2017年の調査では、陸側集落にあった村長(当時)宅に住まわせていただいた。かつてはコメなど作物の仲買をしていたという彼の家は立派な石造りで、床には綺麗なタイルが敷かれ、テレビや大きな扇風機まであった。村長宅から毎日のように海側集落へ出かけて、漁師の話を聞いたり船に

第 1 章　多島海を生きるサマ人の生活世界

写真 1-1　橋の壊れた海側集落、船に乗るほうが移動しやすい
（2017 年 9 月 11 日筆者撮影）

乗ったりして、また陸へ上がって家に帰るという日々が続いた。翌年以降に滞在した、小学校の元校長宅はさらに海から遠く、斜面の一番上にあった。出漁や帰漁、水揚げにあわせて、深夜や夜明け前にこうしてひとり、海と陸を行き来して調査に向かうことを面倒に思う日もあった。専業的漁民であるサマの調査をするのに、陸側にある、それもコメの仲買人だった村長宅を拠点にしていることは適していないのではないか、とすら思っていた。しかし、海側集落と陸側集落を毎日行き来していると、些細なことから両者の違いが目に留まるようになった。それはまた、くらしが多様化する現代のサマ人社会のなかで、タミレ村ではいまだ漁撈が中心的な生業であるとはいえ、海側集落の人々、あるいは漁師たちは、限られた対象であると気づかされることでもあった。

　たとえばあるとき、村長宅の軒先の床に座ってノートを書いていると、小学校低学年くらいの子どもたちがワッと集まってきた。滞在して 1 ヶ月

21

写真 I-2　雨あがりの陸側集落、左手にモスクがある
(2017 年 8 月 22 日筆者撮影)

程度、まだまだ外国人がめずらしいようだった。私が家々で話を聞いているときには、周囲の大人たちに「暑いから集まらないで！」と追い払われていたのが、今がチャンスとばかりに押しかけてきたのだ。しばらく質問責めにされたあと、せっかくなのだから子どもたちにサマ語を教えてもらうことにした。子どもが軒先でむしりとっていたブーゲンビリアを指して「ブンガ（花）はサマ語でなんていうの？」と聞いてみた。すると子どもたちは「……ブンガじゃない？」「それはインドネシア語！」「マキビはサマ語を聞いているんだよ、バカだね」「じゃあサマ語でなんていうの？」「知らない！」とワァワァ言い合い、結局誰もわからなかった。今度は、本当は知っていたがわざと「じゃあイカン（魚）は？」と聞いてみた。子どもたちはまた口々に「イカン！」と返したが、何人かは「ちがうって！ダヤーだよ」とサマ語を答えた。すると他の子どもたちも「ふうん」とい

22

うような顔をして「ダヤー」とつぶやくのだった。子どもたちのなかには
まだサマ語を覚えていない子もいるのだろう。そのときはそのくらいに
思っていた。

　それからしばらく経って、サマ語を少しずつ覚えてきたころだった。サ
マ語を身につけられるように、道で会うひとや子どもたちにインドネシア
語混じりで話しかけるのが日課になった。「どこ行くの？」と話しかけれ
ば、海側集落で出会う子どもたちは「いまサマ語をしゃべったよ！」と目
を丸くして、ケラケラ笑いながら盛りあがった。ところが陸側集落の子ど
もたちにサマ語で話しかけても、みなポカンと顔を見合わせるばかりだっ
た。私の話すサマ語は平易なものなので、こちらが表現を間違えていたの
ではなく、本当にわからなかったようだった。

　また耳が慣れてくると、村長宅では2つの言語が飛び交っていることに
気づいた。60歳前後は村長夫妻と小学校中学年の孫娘と同居して面倒を
みていた。娘は他の街に働きに出ており、週末になるとバイクで数時間か
けて村に帰っていた。みなタミレ村で生まれ育ったサマ人の家族である。
しかし4人の会話をよく聞いてみると、村長夫妻と娘はサマ語で話し、孫
とは互いにインドネシア語で話していた。たとえ直前まで家族がサマ語で
簡単な会話（たとえば「ご飯はもう食べたのか」など）をしていても、孫
だけはまったくわかっていないようだった。母親たちはインドネシア語に切
り替えて孫に話しかけ、また互いの間では「食べたって」とサマ語で会話
を続けるのだった。

　タミレ村は、バンガイ諸島でも最大規模のサマ人人口を有する一大集落
である。現在、居住している住民たちの多くは村長夫妻のようにタミレ村
出身で、ずっとこの村に住んでいる者たちだ。しかし、なかにはブトン人
の父親とサマ人の母親をもつ者や、別の州のサマ人集落から移住してきた
者、両親ともタミレ村のサマ人だがサマ語がまったくわからない者など、
出自も言語も生業も様ざまな人たちが「タミレ村のサマ人」として生活し
ている。

　このなかで漁撈という海の生業に従事する人びとは、サマ語を主な言語

とするだけでなく、かれらの間でしか知られていないようなサマ語の語彙
で自然環境をとらえてきた。このようなタミレ村の状況をよくわかってい
ないまま、たまたま隣にいた住民に魚の名前や岬や湾などの地名を尋ねる
と、漁師が「ンガーイ（ちがう）！」と強く訂正してくることがよくあっ
た。そして、あとから小声で「あれはインドネシア語だ、（海のことを）全
然わかっちゃいない」と、漁師は呆れたように私に耳打ちするのだった。

　序章で述べたように、本書は「自然環境をどう認識しているのか」とい
う問いから海のナヴィゲーションに着目し、命名と民俗分類を切り口に分
析しようとする。しかし、その主語はインドネシア東部の離島にあるひと
つの村、そのなかでも日常的にサマ語を用いる漁師たちという、極めて限
定的な人たちである。また、広義の多島海ともいうべき景観に特徴づけら
れるバンガイ諸島の自然環境は、東南アジア島嶼部3カ国におけるサマ研
究と比較すると、決して典型的な漁撈の場とはいえない。

　そこで本章では、本書が対象とする地理的空間と人びとについて俯瞰し、
先行研究をふまえてその位置づけを示す。まずバンガイ諸島の地理的・生
態的な環境について概説する。つづいてタミレ村の概略的な歴史と、漁師
たちだけではない、現代のタミレ村の住民や生活について述べる。最後に、
あらためてサマ人とはどういう集団なのか、かれらについてどのような研
究がおこなわれてきたのか、先行研究をもとに整理し、本書が対象とする
地域と人びとを位置づける。

1-1　バンガイ諸島タミレ村の自然環境

　東南アジア島嶼部に広がるインドネシア共和国（以下、インドネシア）
は、約1万6,000もの島々が南北に1,888km、東西に5,110kmに連なる、
世界最大の島嶼国家である［Badan Pusat Statistik Kabupaten Banggai Kepulauan
2021］。このうち一部の島は、陸上でそれぞれ東ティモール民主共和国、

24

マレーシアおよびブルネイ・ダルサラーム国、パプアニューギニアとの国境に接している。海を隔てては、東南アジア諸国に加えてパラオやインド、オーストラリアなどの国々とも接する。広大な国土のうち海洋面積は実に約70%、陸地面積はわずか約30%ながら、約2億7,000万人以上もの人口を抱える。主要な島には、首都ジャカルタのあるジャワ島（2024年現在、カリマンタン島への首都移転計画が進行中である）、スマトラ島、カリマンタン（ボルネオ）島、ハルマヘラ島、スラウェシ島などがある。

　スラウェシ島はアルファベットの「K」を引き延ばしたような形をしており、約17万km²の面積に対して、海岸線が約6,000kmと主要5島のなかでも最長である。同島には、伝統的木造船による海上交易の拠点がおかれた港町マカッサルや、ダイビングスポットとして有名なマナドやワカトビ諸島、山間部では独特の葬送儀礼で知られたトラジャなど、国内外の観光客を惹きつける地域がある。スラウェシ以東へ向かうには、たいてい南西部のマカッサルを経由することから、同市は「東部インドネシアの玄関口」ともいわれる。また、周辺海域にはバンガイ諸島を含め大小の島々が散在する。内陸部に市街地や農山村が形成されている比較的大きな島もあれば、砂浜に囲まれてココヤシが植えられているばかりの無人島もある。

　バンガイ諸島は、スラウェシ島東部のキノコのように伸びた半島の南にある離島群である。最大面積のペレン島とバンガイ島が主な島で、ボカン諸島など小さな島々を含めると400近い島々から成る島嶼地域である。東はモルッカ（マルク）海、南西はバンダ海に面するこの島々は、スラウェシ各州とマルク州とのちょうど境界に位置している。

　日本からはまずジャカルタ、マカッサル、さらに中継地のルウックまで飛行機で移動する。これより東の離島群、バンガイ諸島やボカン諸島、北マルク州のタリアブ島など周辺の島々へ向かう船が出るルウック港は、島々から運ばれてきた新鮮な海産物を都市部へ送るための積出港でもある。反対に島々へと運ばれるコメや野菜などの貨物とともに数時間寝転び、ようやく本書の舞台となるバンガイ諸島に到着する。

　インドネシアの多くの地域がそうであるように、タミレ村は、南緯1度

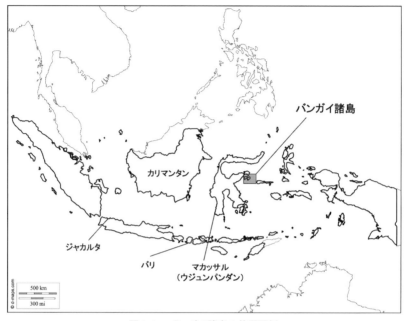

図 I-1　バンガイ諸島の位置関係
（d-maps（https://d-maps.com/）をもとに筆者作成）

28分、東経123度29分と赤道直下に位置する。月平均気温が年間を通して30℃前後と高く、日中はうだるような暑さになる。昼食を食べ終わったら窓もドアも開け放して、みな床でごろりと寝てしまう。外を歩いても誰もいない。ココヤシやマンゴーの木の下で腹を出した男性が気持ちよさそうに寝ているばかりだ。明け方に出漁した漁師も、できるだけ昼までには帰漁して日中は休息をとる。午後、暑さのピークを過ぎたころに起き出して、漁具の手入れをしたり、また夜に出漁する場合はエサや燃油の調達をしたりする。

　11月から7月頃までは降水量の高い雨季が続き、9月と10月はほとんど雨が降らない乾季となる。バンガイ諸島は、やや季節性のみられる気候の熱帯であり［Whitten *et al*. 1998］、弱い乾季のある熱帯モンスーン気候（Am）

第1章　多島海を生きるサマ人の生活世界

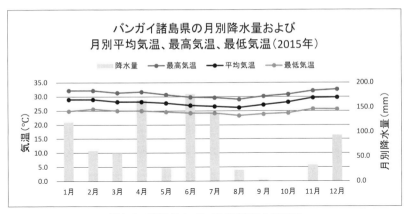

図 I-2　2015年のバンガイ諸島県の雨温図

("Rata-Rata Suhu Udara（Derajat Celcius）, 2015–2016"（Badan Pusat Statistik Kabupaten Banggai Kepulauan）(https://bangkepkab.bps.go.id/id/statistics-table/2/MTYzIzI%3D/average-temperature.html）および "Jumrah Hujan（hari）dan Rata-Rata Curah Hujan（mm）Setiap Bulan pada Stasiun Meteorologi Bubung Luwuk, 2013"（Badan Pusat Statistik Kabupaten Banggai Kepulauan）(https://bangkepkab.bps.go.id/en/statistics-table/1/MyMx/total-rain--days--and-average-rainfall--mm--every-month-at-bubung-meteorological-station-luwuk--2013.html）をもとに著者作成）

に含まれる。ただし、農業をほとんどしないかれらにとっては、雨季や乾季はそれほど大きな関心事ではない。たとえ雨が降ろうと気にせず出漁するし、むしろ魚種によってはより釣りやすくなることもある。雨季や乾季といった区分よりも、月齢がどのくらいなのか、どのような風が吹いているのか、といったことのほうが関心事の中心にある。

　タミレ村の漁師たちを取りまく海は、小さな島々やその海岸線が造り出す岬や湾、岩など、ダイナミックで雄大な自然のなかに独特の景観がある。穏やかで美しい砂浜の海もなくはないが、切り立った断崖に白波の立つような岩石海岸の目立つ海である。また、岩礁に由来する石灰質の大きな岩山［Whitten et al. 1988: 474］が多いこともバンガイ諸島の地理的・生態学的特徴として挙げられる。海岸線から内陸に入ると石灰岩の丘陵がそこかしこにみられ、切り出された真っ白な岩の間を縫うようにして幹線道路が敷かれている。採石業や建材卸業が盛んな一方で、稲作に適した土地は少ない。タミレ村も同様で、陸側集落の背面には真っ白な岩山がそびえたっ

27

写真 I-3　海岸線のキワまでせまる石灰質の岩山
(2023 年 1 月 16 日筆者撮影)

ている。行政的には中スラウェシ州に属するバンガイ諸島だが、このような土壌や生態をみるとスラウェシといっても多様な地域があることがわかる。実際に、バンガイ諸島からリンボ島、タリアブ島などのスラ諸島（北マルク州）にかけては、ひとつづきの海底の大陸基盤の上にある。この一帯は地質学的には、バンガイ－スラ（微）小大陸（Banggai-Sula microcontinent）とよばれる地域である［Villeneuve *et al.* 2002］。動物相の面からより広く捉えれば、アジア側のスンダ大陸とニューギニア・オーストラリア側のサフール大陸の中間にあり、ウォーレシアとよばれる地域でもある。

　バンガイ諸島内陸部は熱帯性の多様な植物がみられ、メランティや黒檀など経済的価値のある樹木が産出される［Pemerintah Kabupaten Banggai Kepulauan Provinsi Sulawesi Tengah 2009：5］。色や種類も様々なウビ・バンガイ（ヤムイモの複数種）、ベテ（タロイモの仲間）をはじめとするイモ類も

第 1 章　多島海を生きるサマ人の生活世界

写真 1-4　伐採が進み、わずかに残る「赤い土の湾」のマングローブ林
(2017 年 9 月 17 日筆者撮影)

豊富で、車道を走れば道の脇にイモ畑が続いている。サマ人にとっても、イモ類はサゴヤシとともに主食として好まれてきたが、いずれも内陸の他民族から購入しているものだ。内陸の主な産品には、そのほかチョウジやカシュー、キャンドルナッツなどの作物も挙げられる［Pemerintah Kabupaten Banggai Kepulauan Provinsi Sulawesi Tengah 2009：6］。これらの森林産物の採集や農業は、内陸に住むバンガイ人たちの主な生業である。一方で、サマ人たちの集落がある沿岸部には、豊かなマングローブ林に覆われた汽水域がある。マングローブ林は、かれらが煮炊きに利用する重要な燃料材を供給する。また、その奥には河川や湧水など生活用水となるような淡水源を備えている。海で移動生活をおくっていたかれらにとって、このような環境条件の揃った地域は船の係留に適していたため、移動の拠点となってきた。タミレ村もまた、マングローブ林の広がる汽水域に隣接してできた集

29

落である。内湾は砂泥で赤茶色に濁ってみえたことから、サマ語で「赤い土の湾（*Lohok mireh*）」とよばれてきた。

　タミレ村の漁師たちが漁撈活動をおこなう海域について、いわゆる浅いサンゴの海ではないことを強調してきたが、もちろんまったくないわけではない。インドネシア東部の島嶼部地域は、沿岸生態系の生物多様性が高い海域であるコーラル・トライアングルに含まれている。コーラル・トライアングルは、フィリピン、インドネシア、マレーシア、パプア・ニューギニア、東ティモール、ソロモン諸島の6カ国の海域から成り、バンガイ諸島はこれらのちょうど中央部に位置している。ルウッ港のあるスラウェシ島半島部やバンガイ諸島の周辺には、裾礁（fringing reefs）が広がる。ペレン島南部には小規模な離礁（patch reefs）がみられ、南西部にはあまり発達していないながらも堡礁（barrier reefs）がある。タミレ村を含むバンガイ諸島県は、もともと大規模とはいえないこれらのサンゴ礁を保護するため、2007年に海洋保護区域（Kawasan Konservasi Laut Daerah：KKLD）を設定した。加えて、バンガイ諸島に生息している貴重な海洋生物の存在もこれらの海洋保護政策を進める契機となってきた。別名ナポレオンフィッシュともよばれるメガネモチノウオや、ジュゴン、オオシャコガイ、アオウミガメ、タイマイなどは、2004年に国際自然保護連合（International Union for Conservation of Nature：IUCN）によって絶滅危惧種に登録された［Pemerintah Kabupaten Banggai Kepulauan Provinsi Sulawesi Tengah 2009：6］。また、観賞用熱帯魚として人気の高いアマノガワテンジクダイ（*Pterapogon kauderni*）はバンガイ諸島の固有種である。沿岸域に住むサマ人にとっては見慣れたもので、サマ人漁師がアマノガワテンジクダイを獲り、仲買人を経由して国際的な熱帯魚取引の市場へとつながっている。この輸送ネットワークは、生産者であるサマ人、マナド在住のインドネシア華人、バリの華人輸出業者、日本の輸入業者が関わり、さらに欧米の輸入業者にもまたがる［秋道2018］。換金性の高いアマノガワテンジクダイは乱獲が進み、こちらも現在では絶滅危惧種に登録されている。

1-2 タミレ村 小史

　15 世紀から 17 世紀にかけて、東南アジアの海域世界には、東西海洋交易の中継地として、また香辛料をはじめとする東南アジア産品を輸出する積出港として港市が形成された。香辛料や薬物（香薬）取引の中心にはコショウ、チョウジ、ニクズクがあり、このうちチョウジやニクズクは、18世紀末までは北マルク州テルナテ島や中マルク州バンダ島など周辺の島々でしか栽培、産出されることがなかった。東部インドネシア地域で産出される香辛料の積出港として重要な役割を果たし、港市国家となったのがマカッサルとテルナテである［池端編 1999： 82、111-112］。これら 2 つの強大な政治的中心地に挟まれ、さらにイギリスやオランダなどの諸勢力のなかで、海上交通の中継地となるような王国があった。ブトン（現在の南東スラウェシ州ブトン市周辺）やトブンク（現在の中スラウェシ州東部モロワリ県周辺）、そしてバンガイ（バンガイ島）のような小王国もここに含まれる。当時のバンガイ諸島はバンガイ王国の支配を受けており、バンガイ王国はさらに上位のテルナテ王国の支配下にあった。

　交易品として重要だったものは、香辛料ばかりではなかった。現在のバンガイ県にあたるルウッからはコメやロウ、19 世紀には布や綿が輸出された。一方、大型船の航行が困難な岩礁周辺では、「半ノマド的なサマ人たち（semi-nomadic Bajo populations）」が重要な役割を果たした。この「半ノマド的なサマ人」は、17 世紀から 18 世紀にはベッコウ、18 世紀後半から 19 世紀にかけてはナマコと、海上交易における重要な海産物を提供していた。バンガイ諸島におけるサマ人の存在はバンガイの文化や経済に大きな影響を与えており、島の内陸部に住むバンガイ人の言語（バンガイ語）における漁業関連の用語は、すべて「半ノマド的」な海洋民であるサマ人のサマ語に由来する［Velthoen 2002： 103］。

　1890 年代には、ナマコの交易者たちがバンガイ島を迂回して隣島のタミレ村を直接訪れており、サマ人たちはその主な取引相手だった。この当

写真 I-5　仲買人宅の軒先で干されるナマコ
(2017 年 8 月 22 日筆者撮影)

時、タミレ村はスラウェシの主要な民族のひとつであるブギス人の影響を強く受けた地域でもあった。ブギス人によるバンガイでの交易は 1846 年まで続き、以降はテルナテが交易の中心を担うようになった[*1][Velthoen 2002：303-304]。バンガイ諸島における海上交易は、この長期にわたって続いたナマコ交易、つまりスラウェシ島北部のトミニ湾から南下して南東部のクンダリ湾に寄り、そしてまたトミニ湾へと北上する、スラウェシ島東部における周期的・季節的なナマコ交易 [Velthoen 2002：107-108, 206]との関係に、およそ位置づけられるとみてよいだろう。

[*1] バンガイ諸島域のナマコ交易においてバンガイ諸島のサマ人は長く関与してきた歴史があり、タミレ村への定住はさらに 19 世紀にまでさかのぼられる長い歴史がある。それにもかかわらず、テルナテがナマコ交易を担うようになると、かれらは「新参者 newcomers」と見なされることとなった[Velthoen 2002：303-304]。

第 1 章　多島海を生きるサマ人の生活世界

　バンガイ諸島の「半ノマド的なサマ人」の出自は史料に記録されておらずかれら自身にも正確なことはわからない。タミレ村に伝わるサマの起源を語る歌では、サマ人集団全体について「はじめにサマの起源はティドゥンからきたのだ」からはじまり、王国と結びつけられた起源譚がつづく。これに類似した話はバンガイ島の別のサマ人集落でも伝えられている [Kemkens 2009]。あるいはボネ湾のバジョエが起源だという者も少なくないが、サマ人の起源がスラウェシ島のゴワやボネにあるとする口頭伝承は、バンガイ諸島に限らず広く各地にみられる [Sopher 1977（1965）: 144]。バンガイ諸島のサマ人の起源については、17 世紀頃の同地域におけるブギス人の台頭などと関係があったとする見方もある [Sopher 1977（1965）: 146]。タミレ村の歌は最後に「そこ（タミレ村）のサマが、バンガイのサマだと思うなかれ」という言葉で締められる。かれらの出自がどこであったのか正確なことはわからないが、誰ひとり「もともとバンガイにいた」とは語らない。

　タミレ村にかんする貴重な歴史資料として、1906 年にタミレ村を訪れたオランダ人役人 O・H・フートハルトの記録 [Goedhart 1908] が挙げられる。これによれば、当時のバンガイ諸島には船上居住のサマ人と陸上に住むサマ人がおり、合わせて約 1,000 人がいた。バンガイ諸島の海岸沿いに住む他の人びととは異なり、「バジャン（Badjan）」や「バジョ（Badjo）」とよばれる人びとは、バンガイ島に住むバンガイ人には属さなかった。かれらはむしろ、テルナテの支配者に対して、漁撈を営むための税を支払う関係にあった。かれらはまた、「オラン・ラウト（orang laoet）」とよばれる水上生活者でもあり、「パデワカン（padéwakan）」とよばれるかなり大きな「プラウ（prauw）（「船」）」に住んでいた。かれらは「パデワカン」船で子供を産み育てるか、海に高床式の家を建てて住んでいた[Goedhart 1908]。

　フートハルトの記録に基づけば、1900 年代初頭までの時点ですでに、バンガイ諸島ではサマ人の定住化がはじまっていたこと、かれらの「カンポン（kampong）（現在のインドネシア語におけるカンプン *kampung* は村や集落の意）」が形成されつつあったことがうかがえる。1800 年から 1950 年に

33

かけてのアジアの海上居住民の分布をまとめたソーファー［1977（1965）］
も、バンガイ諸島の人びとについて記載している。これによれば、バンガ
イ諸島一帯は1800年以降に海辺にきた人びとを含む「ノマド的なボート・
ピープル（nomadic boat people）」の分布域である。このうち現在のタミレ
村と推定される地域のみが、「サマ人（Orang Sama）」を含む、「かつての
海のノマドの集落（settlements of former sea nomads）」であり、これを「舟
の集落（boat settlements）」として区別している［Sopher 1977（1966）: Plate
III］。フートハルトはまたバンガイ諸島のサマ人について、バンガイ海域
の主要なサマ人集落であるタミレ村には249人の健康な者（weerbare man-
nen）がいると記し、周辺の3集落についても言及している［Goedhart 1908］。
少なくともこの時代にはすでに、タミレ村はバンガイ諸島のなかでは目に
留まるような、サマ人の集落あるいは拠点だったようだ。

　現在のタミレ村、またバンガイ諸島の他のサマ人集落においても、タミ
レ村は歴史的に中心的な集落と考えられている。タミレ村のサマ人は、バ
ンガイ諸島のサマ人集落はすべてタミレ村から移住したサマ人によって形
成された、あるいは次第にタミレ村からの移住者が増えていって発展した
ものだと語る。周辺のサマ人集落を訪ねてみると、南のサラバンカ諸島や
ワカトビ諸島など様々な地域からの移住者も少なからずいた。現在も、こ
れらの集落はバンガイ諸島のサマ人集落とは日常的に往来がある。バンガ
イ諸島の集落同士ほどではないが、言語の共通性や通婚圏からみてもこれ
らの地域のサマ人とは社会的に近接しているとみてよいだろう。

1-3　タミレ村のサマ人のくらし

1-3-1　人口と集落の分布

　中スラウェシ州は、2018年にスラウェシ島地震で甚大な被害を受けた
州都パル市を含め、そのほとんどがスラウェシ本島地域から成る。バンガ

イ諸島は、バンガイ諸島（Banggai Kepulauan）県とバンガイ・ラウト（Banggai Laut）県の2つの県（半島部のバンガイ県を含めて3県とする場合もある）から構成される。うちバンガイ諸島県は陸地面積約 2,500km² と、州全体の約4% に当たる。そのなかの南西部に位置する郡が、内陸のバンガイ人らの農村、そしてタミレ村と、2000 年にタミレ村の一部集落が移転してできたL村など7つの行政村（デサ desa）から成る。タミレ村は、さらに10 地区の準村（ドゥスン dusun）から構成される。2017 年 10 月時点で、タミレ村の人口は 3,793 人にのぼる（タミレ村役場提供）。この人口は、サマ人の集落としては比較的大きな規模で、バンガイ諸島周辺では最大の集落である。

　インドネシア全体のサマ人集落の分布について、言語的・社会的近接性に基づいて整理したサマ研究者の長津の報告によれば、スラウェシ周辺海域のサマ人集落は9つのグループに分けられる。このうちスラウェシ島東岸域は、トミニ群やバンガイ群、クンダリ群、ブトン群の4つの集落群がある [長津 2012；Nagatsu 2017]。バンガイ群を含む、スラウェシ島東岸域の4集落群では、多数のサマ人集落が狭い範囲に集中し、いずれの集落群にもサマ人人口が 1,000 人を超す大集落が複数ある。この海域のサマ人の集落の多くは、南スラウェシ半島部の西岸ないし東岸から移住してきたサマ人によって形成されたものである。また、これらは他の集落群とくらべても、互いの往来と親族関係がきわめて密であり、4集落群間のサマ同士の社会的距離は、おそらく他の集落群内部でのそれと同じ程度である [長津 2012]。ただし、筆者がスラウェシ島周辺海域およびバンガイ群内の複数箇所で短期的な調査をおこなったところ、バンガイ群内の集落群においてさえ、地域によっては言語に違いがあり、また親族関係も必ずしも密ではなかった。バンガイ群には、トモリ湾周辺の 10 集落と、ルウッ周辺の5集落、タミレ村を含むバンガイ諸島の 27 集落、スラ諸島西部の5集落が含まれている。このうちサマ人の人口が 1,000 人を超える大集落は、トミニ湾沿岸のジャヤ・バクティ村（3,560 人）、バンガイ諸島ではペレン島のタミレ村（2,547 人）とバンガイ島のティナキン・ラウト村（1,064 人）、

南下したサラバンカ諸島のサイノア村（1,377 人）の 4 集落がある*2 ［Nagatsu 2017］。タミレ村からみれば、ティナキン・ラウト村は言語や親族関係も極めて密であり、距離的にも非常に近いため日常的に往来がある。サイノア村からの移住者はわずかにいるが、あまり多くはないようである。ジャヤ・バクティ村はペレン島からみれば半島のちょうど反対側に位置する比較的近いようにみえる集落だが、両者の関係はそれほど密ではないらしく、それぞれでおこなった調査でも親族関係は確認されなかった。

1-3-2　タミレ村の「サマ人」

　タミレ村の住民はサマ人の他に、華人やブギス人、マカッサル人、マンダール人、ブトン人など、スラウェシ島の様々な人びとが暮らしている。しかし、たとえばマンダール人の両親をもちタミレ村で生まれ育った者や、タミレ村のサマ人と結婚して移住したという者のなかには、日常的にサマ語を話す者もいる。また、祖父母などにひとりだけサマ人がいる場合もある。より複雑な例としては、祖父は他地域のサマ人、祖母はフィリピンのスルー諸島のサマ人、父は華人で母はタミレ村のサマ人、そして自分自身はサマ人であるというが、周囲からは華人と見なされている住民もいる。民族が混淆するなかで、誰がサマ人であるか、あるいはそう見なされるのかというのは別の大きな問題であり、後述するようにサマ研究においても注目を集めてきた。冒頭で述べたように、タミレ村においても、多様な出自をもつ人びとが「サマ人」として生活している。住民のなかには、両親や祖父母に「サマ人」が含まれているにもかかわらず、サマ語を話せない者も増えてきた。ただし現在まで筆者は、このような言語や民族をめぐるアイデンティティの現代的状況について詳細な調査をおこなうことはできていない。したがって本書では、「サマ語を話し、サマを一般的な自称とする人々」という長津［2019：72］の定義に準拠して「サマ人」と表記す

----

*2　いずれも 2000 年の国勢調査をもとにしたもので、民族カテゴリについては自己申告に基づいて記録されたものである。

第 1 章　多島海を生きるサマ人の生活世界

るものとする。

　タミレ村の住民は、華人系住民や、婚入してきたバンガイ人など一部の
キリスト教徒を除き、ほぼすべてがムスリムである。タミレ村にイスラー
ムが浸透した時期は不明だが、少なくとも 1940 年頃にはすでに海にモス
クがあった。

　タミレ村では主にサマ語（バオン・サマ baon Sama）が日常的な言語とし
て用いられる。一部の高齢者層や幼年層を除けば、ほぼ全てのサマ人がイ
ンドネシア語も理解できる。ただし、インドネシア語とサマ語の選択度や
理解度は、本書冒頭で示したように年齢層や居住地、家族構成や場面によっ
ても異なる。たとえば海側集落に住む 70 歳前後の高齢者ではサマ語のみ
話すことができる者の割合が比較的高い。これら高齢者は、インドネシア
語はというと、一部の簡易表現やサマ語と共通した語については理解する
ことができる。しかし、インドネシア語を流暢に話したり聞き取ったりす
ることは難しい。かれらが「粗野な言葉」というように、接頭辞や接尾辞
を省略した簡易的なインドネシア語を話すことも少なくない。インドネシ
ア語教育が一般化した現在、若年層の多くはインドネシア語も流暢に話す
ことができる。しかし、村全体の家庭内で日常的に話す頻度としては、サ
マ語のほうが圧倒的に高い。

　陸側集落では、特に子どもたちにインドネシア語の使用が顕著にみられ
る。高齢者同士で会話をするときにはサマ語を使用するが、ここに子ども
が加わるとインドネシア語に切り替わる場面がよくある。海側集落の子ど
もたちとは異なり、陸側集落の子どもたちは、家庭内でも子ども同士でも
インドネシア語を使用する。基本的な単語であっても、サマ語を知らない
ことは珍しくない。サマ語を理解できない子どもが増えている現状につい
て、高齢者の間では、言語と共にタミレ村のサマの文化も消失してしまう
のではないかと危機感を覚える人もいる。しかし、特に陸側集落では、子
どもたちにサマ語を積極的に習得させようとする様子はみられない。タミ
レ村内に 3 ヶ所ある公立小学校でも、授業にはインドネシア語が用いられ
ており、サマ語を習得する機会は現状、住民それぞれが身を置く日常生活

37

に委ねられている。

1-3-3　タミレ村のくらし

　現在のタミレ村は、ここ20年ほどの間にできた比較的新しい集落である。タミレ村は、もともと湾口中央部に陸と接することなく築かれた巨大な海上集落だった。移転前のタミレ村はひとつの行政村であると同時に、4つの小集落に分かれていた。この4集落は行政的区分ではなく、生業や出自、また海底地形によって慣習的に区別された、社会的なまとまりのようなものであったと考えられる。

　2000年5月、マグニチュード6.5を記録したバンガイ諸島地震が発生し、ペレン島北岸を中心に大きな被害を与えた［Daryono ed. 2021］。これにより、湾口にあったタミレ村の旧集落は全壊、タミレ村住民たちは家屋を捨てて沿岸部に避難することを余儀なくされた。幸いにも、住民たちは家の下に停めていた船で避難することができたため、ほとんど死者を出さなかった。やがて小集落のうち3つが北東側の湾岸に移住して現在のタミレ村となり、残りの1集落は南西側の対岸に移住して別の行政村（L村）となった。現在、タミレ村やL村の住民にとって「タミレ（村）」または「カンポー・トア *Kampoh toa*（古い集落）」というと一般に移転前の集落のことを指し、移住後の集落は「ロカシ *Lokasi*（場所）」と呼ばれ、区別されている。本書では煩雑さを避けるため、特に断りのない場合は「タミレ村」は後者を表すものとし、二つの集落にかかわる文脈においては前者を「旧集落」、後者を「現集落」と表記する。

　現在のタミレ村は、ペレン島の村々をつなぐ幹線道路から沿岸部、そして海上へと下降する一帯に広がっている。本書では、干潮線から陸側にかけての空間を陸側集落、同じく海側にかけての空間を海側集落とよんでいる。ただし、海側集落と陸側集落の境には石垣や人工島もあり、その境界は容易に変化するため、両者の区別は曖昧なものである。

　陸側集落の背後には石灰質の岩山が迫っており、場所によっては海上集落付近にまで達している。岩山を避けるようにして作られた急斜面の坂道

第 1 章　多島海を生きるサマ人の生活世界

写真 1-6　旧集落跡地に残された、津波で倒壊した海上モスク
(2017 年 9 月 11 日筆者撮影)

を上がり、幹線道路に面したところにも何軒かの住宅が建てられている。沿岸部の陸地にもともとバンガイ人が居住していた。かれらがさらに内陸へ移動したあと、沖合の旧集落から数世帯が沿岸部に移住をはじめた。沿岸部への移住が進んだ契機には、地方政府による移住支援もあるが、より大きなものはやはり 2000 年の地震被害だった。震災後、沿岸部では埋め立てが進められた。現在の陸側集落のうち海に近いところの土壌は、粉砕したサンゴの死骸や石灰岩が用いられているため乳白色をしている。陸側集落の大部分は、竹などを用いて基礎を作り、セメントで塗りかためた「石の家 (*rumah batu*)」とよばれる住居である。

　陸側集落と海側集落の境界は、干潮線は曖昧であるものの、住居の建てかたには明確な違いがある。タミレ村全体の空撮画像をトレースして住居を描き写し、それをもとに実際に村内を歩きまわって描画したものを図 1-

39

3 に示した。これをみると、陸側集落は基本的に道路に沿って家屋が建てられており、規則的に並んでいることがわかる。一方、海側集落は、陸側集落の道路の向きとは関係なく、むしろ海へ海へと延伸されていく橋におおよそ沿って建てられている。橋はまた、防潮堤を避けながら、船着場を塞がないように一定の方向に向かって伸びている。ただし図中では、海側集落の家屋は位置やおおよその大きさを実際に確認できたもののみを示している。実際にはとうてい描ききれないほど、杭上家屋は方向も区画もなく密集している。そのなかに一度足を踏み入れると、この橋がどの方角に向かっているのか、そもそもこの先も橋が続いているのか、振り返ってもどこから来たのかわからなくなるほど、入りくんだ構造になっている。タミレ村で調査をはじめた頃は、海側集落の協力者の案内なしではとても元の位置に戻ってくることができなかった。この前まであった橋がもう壊れている、というのもよくあることで、海側集落の住民でさえよく道を間違える。あちこちで人に確認をしながらボロボロの橋を進み、足元の大穴を踏み抜かないように注意深く歩き、ときに跳ぶ。村のなかを歩くだけなのに、バランス感覚を試されていた。それと比べると、陸側集落にはあたり前のように道があり、それを基準として行政的な準村が住居区画ごとにまとまっており、わかりやすいというほかなかった。

　海側集落におけるひとつの住居のまとまりは、寝起きをする家屋のほかに、露台や煮炊き小屋が併設されていることもある。伝統的な屋根は、竹にサゴヤシの葉を結びつけ、翼のような形状にまとめたものを何組も重ねる構造である。近年ではより耐久性の高いトタン屋根に替えた家も多いが、サゴヤシの屋根と比べると風が通らずに熱がこもるというデメリットもある。壁や露台には同じ板材を購入し、杭に用いる木材は周辺の浅瀬や島から運ぶか、ブギス人商人から購入して定期的に交換する。陸上集落とのちょうど境界にある住居では、家の表側（玄関側）は陸上の道に面しており、海側に奥行きが伸びている。家の裏にあたる側は杭上となり、露台や煮炊き場が設置されている。露台の下に漁船を停めて、そのまま出漁したり、煮炊き場に直接水揚げをしたりする。

震災以降は、旧集落跡地や周辺の海から運んできたサンゴ石を積み上げて石垣を築き、大きな波に備える住居がみられるようになった。石垣は海側にのみ築いたり、杭材を補強したり、家全体の土台となるような人工島を形成したりすることもある。人工島にはコブミカンやトウガラシ、ココヤシ、パパイヤなどが植えられ、ニワトリなどの家畜が育てられていることもある。海側集落ではほとんどの住居が露台や小さな煮炊き小屋を持ち、衣服や食器を洗ったり、魚を捌いて干したり、水浴びをしたりする。

　密集した海側集落では、他人の家や露台を通らないと進めないことがある。あるいは遠まわりしたり危ない橋を渡らなければいけなかったりする。人びとは他人の家の露台を通り、休憩ついでに世間話をしていく。こうして行き来する通行人に向けて女性たちは粉末飲料や自家製のスナック、軒先で収穫した少量のコブミカンやトウガラシを売っている。迷宮のような海側集落ではこうした露台や軒先はたいへんありがたい場所だった。ともに歩く漁師も「ここで休憩していこう」と勝手に腰を下ろし、世間話をしたり道を確認したりしたのち「ポーレネカミ（我々は行くよ）！」とまた歩いていく。この「ポーレネカミ」、そして「いってらっしゃい」というように返される「ポーレネ！」は、ほとんど挨拶のようにそこかしこで飛び交っていた。

　タミレ村には、公立の幼稚園1校、公立小学校3校、公立中学校1校、イスラム系私立中学校1校の教育施設がある。ペレン島の県庁所在地サラカン市にある高校に通う子どもも多く、昼過ぎになると子ども達が鈴なりに乗った軽トラックが市のほうから戻ってくる光景が見られる。最も近隣の大学は、ルウッ市内のイスラム系大学で、その他にはマカッサル市内の大学に進学する者もいる。2017年時点で郡内には病院や地域診療所がなく、最も近い医療機関は隣の郡の地域診療所か個人医である。村内には、まじないや伝統的な医療行為をおこなう呪術師ドゥクンが10名程度いる。現在でも村人は軽度の腹痛や頭痛、咳などの症状であればこのドゥクンのもとを訪れる。ただしドゥクンの多くは専業ではなく、なかには普段は漁師であるという者もいて、求めに応じてドゥクンの仕事をする程度である。

図 I-3　タミレ村の俯瞰図

（現地調査をもとに筆者作成）

第 1 章　多島海を生きるサマ人の生活世界

宗教施設には、小規模で一部住民にしか利用されていない陸側のモスクと、金曜日の集団礼拝がおこなわれるモスクが陸側・海側それぞれにひとつずつある。港の周辺には、水揚げした漁獲物を量り、一時的に冷凍保存しておく倉庫や、2015 年に正式に設置された市場がある。市場には、主に海産物を売る一角のほか、香辛料や野菜、果実を売る市場、日用品や衣料品を売る店舗などが多く立ち並ぶ。市場の目の前には、新設された 2 階建ての村役場がある。市場とは別に、雑貨や菓子、即席麺、飲料などを売る店が多くある。

　旧集落では電気や水が供給されておらず、1994 年前後に陸の一部に電気がひかれているのみであった。現集落への移転後しばらくしてようやく電気が供給されるようになった。2017 年時点ではほぼ全世帯で夜 18 時頃から朝 5 時半頃まで電気を使用することができた。冷蔵庫を所有している住民はこの時間に合わせて袋詰めの氷をつくり、漁師は出漁前にここで漁獲の保存用として氷を購入していく。淡水は、山の上の湖から水道管を通って海側集落まで供給されるようになった。しかし迷宮のような海側集落の全世帯に水道管を通すには至っていない。たとえ通っていても水の供給は安定しておらず、陸側集落でさえ場所によっては 1 週間程度供給されないこともある。それ自体は住民たちからすれば慣れたことなので、村内にある淡水源か、小さな舟を 10 分はど漕いで湾奥にある河川を利用する。女性たちはここでポリタンクに生活用水を汲み、洗濯をする。

　タミレ村の陸側集落に住む人の職業は、海側集落に住む人の職業と比べると多様である。ルウッやマカッサルへ漁獲物を売る仲買人、ナマコやフカヒレといった中国市場向け海産物の仲買人、真珠や鼈甲などの加工業者や、加工品を都市に売る者など、海に関わる生業だけでも様々である。そのほか、公務員や村役場の役人、雑貨店経営、海側集落の生簀管理、教師、建築業者など様ざまである。華人やブギス人は特に商業志向が強く、後者はそれを目的として旧集落や移転後のタミレ村に移住してきた者が多い。華人は雑貨店経営や加工品の仲買、さらに活魚を蓄養するための生簀を所有する者もいる。かれらの多くは、陸側集落の中でも漁獲物や品物の荷運

43

写真 I-7　淡水源で水浴びや洗濯、歯磨きをするタミレ村の人びと
(2017 年 9 月 18 日筆者撮影)

びに便利な船着場や市場の周辺、村内の大きな通り沿いに住居を構える傾向にある。

　海側集落に住む男性の大多数は漁師であり、一般に妻はその手伝いをする。妻が夫と共に出漁することはあるが、女性が単独あるいは女性同士で出漁することはない。ただし、旧集落の浅瀬やマングローブ林のある汽水域でおこなう貝類採集は、女性たちの仕事である。また、夫が獲った魚を売ったり、市場で商売をしたりすることも妻の仕事である。夫が漁師でない場合、夫の仕事を手伝う以外には、菓子などを作って市場で売ったり、集落で売り歩いたりする。これは妻だけでなく、中高生の娘たちが担うこともある。

第 1 章 多島海を生きるサマ人の生活世界

写真 1-8 防潮堤と海側集落の眺望
（2017 年 8 月 18 日筆者撮影）

写真 1-9 村内の淡水源で水浴びをする子どもたち
（2017 年 8 月 18 日筆者撮影）

1-4 サマ／バジャウという人びと

　本書冒頭で述べたように、東南アジア研究において、東南アジア大陸部沿岸域と島嶼部をあわせた地理空間は、海を媒介として密接に関係しあう歴史的持続性を持ったひとつの社会文化圏とみなされてきた［高谷 1996；立本 1996］。「東南アジア海域世界」とよばれるこのような空間では、沿岸や汀線、河川沿いのような陸域と水域の「きわ」が長らく人間の居住に適した空間とされてきた。この生態空間をニッチとし、独自の生活様式を発達させてきた人々は「海民」とよばれる［長津 2012］。

　海民とは、専業的に魚介類を採捕する漁民、海洋交易者、海賊など、狭義には海を生活の基盤とする人たちを指す。一方で東南アジア研究では、東南アジア海域世界に通底する社会的、文化的な特徴を捉えるための概念としても海民という語を用いてきた。このような広義の海民という表現は、東南アジア海域世界の生態基盤、つまり熱帯多雨林が卓越する多島海に発達した典型的な生活様式を指定して、それにあてはまる人々を指示するための集団類型である［立本 1996；長津 2012］。本書で対象とするサマ人は、東南アジア海域世界における広義の海民集団の代表的なもののひとつである。

　東アジアおよび東南アジアの島嶼部沿岸地域には、サマ人以外にも漁撈を営み、船上生活をおくる／おくっていた集団がある。マレーシアおよびインドネシアにはオラン・スク・ラウトあるいはオラン・ラウト、タイからミャンマーにかけて広がるアンダマン海にはモーケンがいる［Sopher 1977（1965）］。東アジアを含めると、さらに香港の水上居民［可児 1970］や、日本の家船居住民［金 2003］などが挙げられる。

　このうちサマ人、あるいはバジャウ Bajau/Badjau とよばれる民族集団は、インドネシア東部、マレーシア・サバ州、フィリピン南部を中心に分布しており、広域に拡散している点に特徴のある海民である。3 カ国における 2000 年の国勢調査をもとにした研究では、サマ人の人口はフィリピンが 57

46

万 857 人、マレーシアが 34 万 7,193 人、インドネシアが 15 万 8,970 人である［長津 2008］。インドネシアでは、単にバジョ *Bajo*、または「種族、民族集団」を意味する *suku* と併せてスク・バジョ *suku Bajo*、「人」を意味する *orang* と併せてオラン・バジョ *orang Bajo* と表現されることが一般的である。地域や文脈により異なるが、バジャウやバジョなどの他称は蔑称に近い意味合いを含むことが少なくない。バンガイ諸島においても同様に「スク・バジョ」や「オラン・バジョ」は、サマ／バジャウ人以外の集団からの他称として用いられるか、外部者の視点を意識して自らの集団や文化を指す文脈で用いられる。タミレ村では、他称としての「バジョ」にやや侮蔑的な意味合いが含まれる場合がある。彼らの口頭伝承や日常会話では、自称であるサマという語が一般的に用いられている。サマ／バジャウ人を対象とした研究においてバジャウという語はすでに一般化している。しかし本書では、バンガイ諸島におけるこのような使用状況をふまえたうえで、前項で述べたようにサマ諸語を話す人々を総称してサマ（人）とよぶ。

　サマ人を対象とした研究は、フィリピン南部からサバ州北東端にかけてのスル諸島周辺域を中心に蓄積されてきた。サマ人は船上居住と移動性の高い生活形態から、「海の遊牧民（sea nomads）」のほか、「海のジプシー（sea gypsy）」などと称されることもあった［Sopher 1977（1965）］。羽原は、「sea nomads（海の遊牧民）」を「漂海民」と訳し、これは以降日本においてよく使用されるようになった［羽原 2008（1963）］。また「sea nomads」という語は、オラン・ラウトやモーケンなど東南アジア海域世界の他の「漂海民」的集団との比較研究においては、今日でも一般的に用いられる傾向にある［Bellina *et al.* eds. 2021］。

　サマ人に関する記述は、古くは植民地期の記録にみられるが、人類学的な実証研究がおこなわれるようになったのは 1960 年代以降のことである。15 世紀半ばから 17 世紀にかけては東南アジアが海上交易によって繁栄し、港市が形成された交易の時代であった。フィリピン南部スールー諸島ではマギンダナオ王国やスールー王国などの港市国家が繁栄した。これら

の国家形成と発展において、王権の経済的基盤を支える海産物採集や略奪活動などの担い手となったのは、サマ人のような漁や航海に優れた移動性の高い海の民であった[Warren 2007(1981)：182-183；床呂 1999：37, 48-50]。

　サマ人は国家権力や植民地勢力の動向、国境の設定などの影響を受けやすい存在だった。一方で、その立場を利用するような経済発展地域への交易アプローチや、越境密貿易、漁獲を求めての越境移動なども活発におこなってきた。このような背景から、サマ人の歴史的形成過程や移動の経緯に関する研究も、国家との密接な関係をふまえて論じられてきた［床呂 1999；長津 2019］。他方で、ニンモやセイザーなどに代表される、サマ人の民族誌的研究の当初の関心は、船上居住という特徴的な生活様式における親族組織や社会組織や、定住化に伴うこれらの変容についての考察にあった[Nimmo 1972；Sather 1997]。また、サマ人の宗教や信仰の研究では、伝統的な儀礼や精霊信仰の記述に続き、イスラームとの混淆という視点から儀礼の実践や受容／変容に焦点があてられた［Sather 1997；Nimmo 1990a, 1990b；床呂 1999；長津 2019］。サマ人の歴史的起源や分散過程について論じてきたもうひとつの潮流は、サマ語の言語学的研究にある。言語学的には、サマ諸語はオーストロネシア語族マレー（マラヨ）・ポリネシア語派に分類される。パレスンによれば、まず 8 世紀ごろまでにはフィリピン・ミンダナオ島南西部でサマ語の祖語（Proto-Sama-Bajau）が話されるようになり、ここをから各地に分散していったとされる［Pallesen 1985：43］。東南アジア島嶼部 3 ヶ国に分散したサマ語について、各地のサマ語の語彙の共有率に基づくと、これらは 9 つの主要方言に分類される［Grimes ed. 2000］。

　インドネシア領内に暮らすサマ人の言語は、ボルネオ島東岸の一部地域を除くほぼ全地域がインドネシア・バジャウ語（Bajau, Indonesia）に含まれる［Grimes ed. 2000］。グライムの言語学的分類に加え、方言間の相互理解性（mutual intelligibility）を考慮した社会言語学的調査によれば、東南アジア 3 カ国のサマ人は 5 つの集団に分けられ、集団間における言語面の相互理解性は低いとされる［長津 2008］。インドネシア・スラウェシ島の周

第 1 章　多島海を生きるサマ人の生活世界

辺海域では、東カリマンタン州北部ブラウ県沖合のサマ人がスルー系サマ語の話者である他は、すべてのサマ人がスラウェシ系サマ語の話者に属する［長津 2012］。この系統はフィリピン南部やマレーシア・サバ州などのサマ語の系統とは語彙的に顕著に異なる［長津 2019：76-77］。サマ人の定義に倣ってスラウェシ系サマ語の話者を「スラウェシ系サマ人」とよぶとすれば、かれらはスラウェシ島沿岸部、ハルマヘラ島南西部、フローレス島沿岸部など、東西約 1100km、南北約 1200km という広い地域に分布する集団である。このように広い分布域において、比較的、均質なサマ語が話されていることについて長津は、スラウェシ系サマ人どうしでの、サマ語を基盤とする移動・交流がきわめて頻繁に、かつ長期にわたり繰り返されてきたことによると考えられると指摘している［長津 2008；2012］。

　サマ人は、東南アジア海域世界における代表的な海民集団であるが、その様相は時代とともにめまぐるしく変化してきた。1963 年に書かれた『漂海民』のなかで、羽原は漂海民を「土地・建物を陸上に直接所有しない」、「小舟を住居にして一家族が暮している」、「海産物を中心とする各種の採取に従い、それを販売もしくは農産物と交換しながら、一カ所に長くとどまらず、一定の海域をたえず移動している」人びとと定義した。今日のサマ人には、かつて羽原が定義したような「漂海民」と呼びうる集団はいないとすらされている。現代では、かれらは家船（住居を兼ねる小型の舟）には居住せず、浅瀬や陸地に杭上家屋などを直接所有するようになった。しかしながら、サマ人の生業は依然として漁撈がその中心にあり、海上交易や海産物の加工もおこなわれるなど、狭義の海民としての側面も強く残る。また、国境を越える移動や、社会関係を基盤とした移動・移住もおこなわれているが、生態資源や社会経済的な影響を受けて、その目的や期間、方法などは変容しつつある。

　サマ人による伝統的な漁撈活動の特徴は、そのほぼすべてがサンゴ礁の発達する浅い（水深 0〜10m 前後）沿岸域でのみ実践されてきた点にある［長津 1997；Nimmo 1968；Sather 1997；門田 1997（1986）］。サンゴ礁域における漁撈活動では、多種多様な沿岸性資源の利用や、網漁の高い頻度、女性

49

や子供の参加、漁船や漁具、出漁人数の小規模性などの特徴がある。他方で、外洋の回遊魚類を対象とする漁法はあまり発達していないとされてきた。サマ人の外洋漁撈については、釣り針を利用するサメ漁と銛漁やサバ科魚類等を対象とした巻き網漁など一部の事例に限られる［長津 1995；小野 2011］。

　このようにみると、サマ人は各地域で外海を利用した漁撈をまったくおこなわなかったわけではないが、その漁法が発達していないか、十分に記録されることがなかったと考えられる。上述のように、これまでのサマ研究は、その多くがフィリピン南部からサバ州北東端にかけてのスル諸島周辺域を中心に蓄積されてきた。同地域の海がサンゴ礁の発達する海だったことや、ナマコやフカヒレなどの高級海産物が盛んに取引されていた時代と地域だったことも関係して、サマ人の伝統的漁撈活動は浅いサンゴ礁の海を利用するものが典型例のように捉えられてきた。

　しかしながら、東南アジア島嶼部 3 カ国に広く分布するサマ人が生活し、生業の場としてきた空間は、かならずしも同じような地理的・生態的条件を備えているわけではない。これまでみてきたように、本書が対象とするバンガイ諸島の海は、サンゴの海とはまったく異なる、岩や島の複雑な景観が織りなす世界である。わずかなマングローブ林と汽水域、いくらかのサンゴ礁と浅瀬のある「赤い土の湾」を越えると、すぐに海底の視えない外海が広がる。あるのは何の変哲もない岩や島ばかりである。タミレ村のサマ人漁師たちは、確かに歴史や社会関係、言語的な側面において「サマ人」の一部として位置づけられる。しかし、かれらが移動する海は、従来のサマ研究が当然視してきたサマ人の生活世界とはまったく異なる、いわば「不可視の海」である。この広義の多島海というべき世界で、タミレ村のサマ人漁師たちはいかにナヴィゲーションを実践し、漁撈をおこなってきたのか。また、それはどのような環境認識にもとづいているのだろうか。

引用文献

秋道智彌「海のエスノ・ネットワーク論と海民――異文化交流の担い手は誰か」小野林太郎・長津一史・印東道子編『海民の移動誌』38-65. 昭和堂. 2018.

池端雪浦編『東南アジア史Ⅱ　島嶼部』山川出版社. 1999.

小野林太郎『海域世界の地域研究――海民と漁撈の民族考古学』京都大学学術出版会. 2011.

可児弘明『香港の水上居住民――中国社会史の断面』岩波新書. 1970.

金柄徹『家船の民族誌――現代日本に生きる海の民』東京大学出版会. 2003.

高谷好一『「世界単位」から世界を見る――地域研究の視座』（地域研究叢書）京都大学学術出版会. 1996.

立元成文『地域研究の問題と方法――社会文化生態力学の試み』京都大学学術出版会. 1996.

床呂郁哉『越境――スールー海域世界から』岩波書店. 1999.

長津一史「フィリピン・サマの漁撈活動の実態と環境観――民俗環境論的視点から」京都大学大学院人間環境学研究科文化・地域環境学専攻修士学位申請論文. 1995.

―――――「海の民サマ人の生活と空間認識――サンゴ礁空間 t'bba の位置づけを中心にして」『東南アジア研究』35（2）：261-300. 1997.

―――――「サマ・バジャウの人口分布に関する覚書――スラウェシ周辺域を中心に」『アジア遊学』113：92-102. 2008.

―――――「異種混淆性のジェネオロジー――スラウェシ周辺海域におけるサマ人の生成過程とその文脈」鏡味治也編『民族大国インドネシア――文化継承とアイデンティティ』木犀社. 249-284. 2012.

―――――『国境を生きる――マレーシア・サバ州、海サマの動態的民族誌』木犀社. 2019.

羽原又吉『漂海民』岩波新書. 2008（1963）.

門田修『漂海民――月とナマコと珊瑚礁』河出書房新社. 1997（1986）.

Badan Pusat Statistik Kabupaten Banggai Kepulauan. "Rata-Rata Suhu Udara（Derajat Celcius），2015-2016"〈https://bangkepkab.bps.go.id/statistics-table/2/MTYzIzI%3D/average-temperature.html〉（最終閲覧日 2024 年 1 月 7 日）

――――― "Jumrah Hujan（hari）dan Rata-Rata Curah Hujan（mm）Setiap Bulan pada Stasiun Meteorologi Bubung Luwuk, 2013"〈https://bangkepkab.bps.go.id/en/statistics-table/1/MyMx/total-rain--days--and-average-rainfall--mm--every-month-at-bubung-meteorological-station-luwuk--2013.html〉（最終閲覧日 2024 年 1 月 7 日）

Badan Pusat Statistik Kabupaten Banggai Kepulauan. *Kabupaten Banggai Kepulauan Dalam Angka. 2021.* Salakan. Badan Pusat Statistik Kabupaten Banggai Kepulauan. 2021.

Bellina Bérénice, *et al*., eds. *Sea Nomads of Southeasta Asia*：*From the Past to the Present.* Singapore, NUS Press. 2021.

Daryono ed. *Katalog Gempabumi Indonesia：Relokasi Hiposenter dan Implikasi Tektonik.* Jakarta. Bidang Informasi Gempabumi dan Peringatan Dini Tsunami Pusat Gempabumi dan Tsunami Badan Meteorologi Klimatologi dan Geofisika. 2021.

Goedhart, O. H. Drie Landschappen in Celebes. *Tijdschrift voor Indische Taal-, Land-en*

Volkenkunde, 50. 442‒48. 1908.

Grimes, Berbala F., ed. *Ethnologue : Language of the world*. Dallas 14th edition. Summer Institute of Linguistics. 2000.

Kemkens, Lotte. *Living on Boundaries : The Orang Bajo of Tinakin Laut, Indonesia*. Bachelor's thesis Social Anthropology, University of Utrecht. 2009.

Nagatsu, Kazufumi. Maritime Diaspora and Creolization : Genealogy of the Sama-Bajau in Insular Southeast Asia. *Senri Ethnological Studies*. 95 : 35‒64. 2017.

Nimmo, H. Arlo. Reflections on Bajau History. *Philippine Studies*, 16 (1) : 32‒59. 1968.

─────. *The Sea People of Sulu : A Study of Social Change in the Philippines*. San Francisco. Chandler Publishing Company. 1972.

─────. Religious Beliefs of the Tawi-Tawi Bajau. *Philippine Studies*, 38 (1) : 3‒27. 1990 a.

─────. Religious Rituals of the Tawi-Tawi Bajau. *Philippine Studies*, 38 (2) : 166‒198. 1990b.

Pallesen, A. Kemp. *Culture Contact and Language Convergence*. Manila. Linguistic Society of the Philippines. 1985.

Pemerintah Kabupaten Banggai Kepulauan Provinsi Sulawesi Tengah. *Laporan Status Lingkungan Hidup Daerah Kabupaten Banggai Kepulauan Tahun 2009*. Salakan. Pemerintah Kabupaten Banggai Kepulauan Provinsi Sulawesi Tengah. 2009.

Sather, Clifford. *The Bajau Laut : Adaptation, History and Fate in a Maritime Fishing Society of South-eastern Sabah*. New York. University Press. 1997.

Sopher, David E. *The Sea Nomads : A Study of the Maritime Boat People of Southeast Asia*. Singapore. National Museum of Singapore. 1977 (1965).

Velthoen, Esther Joy. *Contested Coastlines : Diasporas, Trade and Colonial Expansionin Eastern Sulawesi 1680‒1905*. MA dissertation presented to the degree of Doctor of Philosophy of Murdoch University, 2002.

Villeneuve, Michel *et al*. Geology of the central Sulawesi belt (eastern Indonesia) : constraints for geodynamic models. *International Journal of Earth Science* 91, (3): 524‒537. 2002.

Warren, James Francis. *The Sulu Zone 1768‒1898, The Dynamics of External Trade, Slavery, an Ethnicity in the Transformation of a Southeast Asian Maritime State* (Second Edition). Singapore. NUS Press, 2007 (1981).

Whitten, Anthony *et al*. *The Ecology of Sulawesi*. Yogyakarta. Gadjah Mada University Press, 1988.

第2章

バンガイ諸島サマ人の漁撈活動

　タミレ村のサマの起源を語る歌「アサルナ・サマ」の終盤の一節はいつも歌が揃わない。消えた王の子をあちこちへ探しに行った人々の一部がバンガイ諸島にたどり着き、やがてそれが現在のタミレ村になり、かれらは漁撈で生計を立てた。その漁法が、果たして網（リンギ *ringgi*）であったのか、針（ピッシ *pissi*）であったのか、歌詞が定まらないのだ。年配の漁師やその家族に少し歌ってもらっても、タミレ村きっての歌上手と名高い年配の女性たちに歌ってもらってもそうなのである。一音も乱れることなく声を揃えて歌っていたというのに、やはり最後の最後で、片方は「リンギ」といい、もう片方は「ピッシ」といい、「間違えた、間違えた」と笑いながらその場で話し合ってどちらかに訂正するのだ。

　どうしてこうも毎回揃わないのか、と不思議に思いながらやりとりを聞いていると、次のようなわけだった。

　前項で述べたようにサマ人の伝統的な漁撈活動の特徴は、そのほぼすべてがサンゴ礁の発達する、水深0～10m前後の浅い沿岸域でのみ実践され

53

てきた点にあるとされてきた［長津 1995、1997；Nimmo 1968；Sather 1997；門田 1997（1986）；小野 2011：281］。このような海域では、釣り漁よりも網漁のほうが効率がよい。サンゴ礁の発達した海には、礁湖（ラグーン）を取り囲むようにして礁縁（リーフエッジ）が形成され、そのところどころに礁路とよばれる水路がある。満潮時には礁湖内部にまで入っていた魚は、潮が引いていくと礁路を通って出ていく。このタイミングに合わせて礁路に網を仕掛けておけば、効率的に魚を獲ることができる。刺し網とよばれるこのような漁法は、サンゴ礁の海でおこなわれる網漁のうちのひとつで、そのほかにも多様な網漁がおこなわれている。

　現在のタミレ村では、網漁を主な漁法としている漁師はわずかで、より一般的な漁法は手釣り漁である。しかし、かれらの親や祖父母の世代では網漁がまだ盛んにおこなわれていたため、「（手釣り漁ではなく）本来はリンギ（網漁）がサマの暮らしなのだ」と語るものさえいる。だから、タミレ村で生計を立てる漁法として、いま中心的なピッシ――釣り漁を採るのか、かつて中心的だったとされるリンギ――網漁を採るのか、その想起の揺らぎが歌詞に表れるのだ。

　さらに付け加えるとすれば、「網漁がまだ盛んだったころ」の話を語る「親や祖父母」が必ずしもタミレ村で生まれ、タミレ村で漁をしていたサマ人とは限らない。バンガイ諸島周辺海域、特にタミレ村周辺は、サマ人の集落としてはサンゴ礁面積が少ない。近年の環境破壊や温暖化などの影響があるにしても、まばらに分布するばかりで、元から網漁のみに依存して生計を立てられるような環境ではなかったようである。しかし、サマ人は移動性が高く、また多民族が入り混じった人々である。その人口分布域は、インドネシア国内だけでも極めて広範に及ぶ。そのため、「親や祖父母」がサンゴ礁の豊かな海、つまり網漁の盛んな地域での経験から語っていた可能性も否めないのだ。

　同じ「サマ人」といっても、生活・生業の場となる海の環境条件が異なれば、当然ながら実践する漁撈活動も異なる。たとえばサンゴ礁域における多彩な漁法による沿岸性資源の利用は、東南アジア海域世界においては

フィリピンのビサヤ海域に特徴的である。対照的に、インドネシア東部の
マルク―バンダ海域では外洋域における釣り漁による回遊性資源の利用が
特徴づけられる。これらに挟まれたセレベス海域は、両海域の生態文化的
な遷移帯にあたる［小野 2011：432］。本書が対象とするバンガイ諸島周辺
海域は、スラウェシ本島を隔ててセレベス海域と接しているが、直接的に
はマルク―バンダ海域につながるように広がっている。サマ研究が先駆的
におこなわれてきたセレベス海域と比べれば、バンガイ諸島周辺海域はや
はり釣り漁の傾向が強い地域とみることもできる。

　本章では、東南アジア海域世界における「サンゴ礁・沿岸性資源・網漁」
の海から「外洋域・回遊性資源・釣り漁」の海への遷移帯における、やや
後者に寄った海域に位置づけられるタミレ村の漁撈活動について、現地調
査をもとに詳しく述べる。

◎フィールドワークの方法
　タミレ村の基礎的な漁撈活動のようすについて、15 名の漁師らを対象
に 2017 年 8 月 18 日〜10 月 20 日に半構造化（semi-structured）インタビュー
調査をおこなった。実施した基礎的な漁撈活動調査の項目について、表 2
-1 に示す。調査には引退した元漁師オチェが同行し、対象者の紹介やサ
マ語の通訳補助をおこなった。後述するようにタミレ村の主な漁法は 5 つ
あり、各漁法の従事者をそれぞれ 1 名以上含むように配慮した。そのうえ
で、各漁法の従事者のなかからオチェが「海をよく知っている」、「優れて
いる」、「熟練である」漁師として挙げた人を紹介してもらった。ただし、
漁法によってはタミレ村全体でもわずか数名しか従事していないこと、ま
たオチェが高齢であることや、若年層に従事者が多い漁法（ダイナマイト
漁や潜り漁）や比較的新しい漁法（タコ疑似餌釣り漁）の従事者には明るく
ないことから、15 名の対象者は必ずしも各漁法従事者を代表するような
「熟練」漁師というわけではない。また、漁撈活動のうち海藻養殖、貝類
の採集、活魚の畜養など、副業的におこなわれているものについては上記
の聞き取り調査対象とはしなかったが、同行する機会のあった際には参与

表 2-1　タミレ村における基礎的な漁撈活動の調査内容

調査内容	調査項目
世帯情報	氏名、生年月日、推定年齢、世帯構成、本人と配偶者の第二親等までの出生地、移動・移住歴（地域、期間、人数、理由）
漁法	サマ語名、方法、同時出漁人数、同時出漁隻数、出漁スケジュール、出漁時期、対象魚種
漁具	保有する漁具、漁船、機械（エンジンや GPS）
漁場	サマ語名、場所、対象魚種、漁法、季節、航行ルート

筆者作成

観察や聞き取り調査などを適宜おこなった。

　つづいて、実際に漁撈活動がどのようにおこなわれているか調べるため、対象者 15 名のうち任意の漁師を対象に、漁撈活動の実態調査を実施した。その手順は、次の通りである。

　まず任意の漁師から出漁予定の日時をあらかじめ聞き取る。対象者の出漁予定時刻に先立って家庭を訪問し、出漁計画について聞き取り調査をおこなう。対象者の合意を得て、腕時計型 GPS （GARMIN 社 ForeAthlete230J）を装着または携帯してもらい、実際の移動ルートを記録する。帰漁後に家庭を訪問して聞き取り調査をおこない、漁獲物の計量と直接観察をおこなう。計量は対象者が「同じ種類である」とした個体をまとめて計量する。漁獲物の写真を撮影し、帰国後に各方名に対応する学名から魚種を確認し、加えて魚類学の専門家の協力を得ることで可能な限り同定作業をおこなう。腕時計型 GPS に記録されたデータは専用の分析ツール（GARMIN 社 Garmin Connect）に取り込み、出漁・帰漁時の聞き取り調査と照合する。漁撈活動の実態調査の項目について表 2-2 に示す。表 2-2 のほかに、漁獲物や漁船について、機会に応じてタミレ村内で観察や聞き取り調査をおこなった。

表 2-2　タミレ村における漁撈活動の実態調査内容

調査内容	調査手法	調査項目
出漁前	聞き取り調査 （家庭訪問）	出漁予定時刻、出漁予定の漁場、使用予定の漁具と漁法、対象魚種
出漁中	追跡調査 （GPS 使用）	移動ルート、速度、経過時間
帰漁時	聞き取り調査 （家庭訪問）	出漁・帰漁時刻、出漁した漁場、使用した漁具と漁法、漁獲物のサマ語名、漁獲物の利用予定（自家消費／タミレ村内市場／仲買人・集荷人等）
	直接観察	魚種の観察、撮影
	計量 （バネ秤使用）	魚種ごとの個体数と重量（キログラム単位）

筆者作成

2-1　漁法と漁具

2-1-1　漁船

　朝の海産物市場は、まだ暗い時間から多くの人で賑わう。水路を通じて漁師やその妻がひっきりなしに船で直接市場に漕ぎつけて漁獲をおろす。会場集落の家々をつなぐ橋を歩いていても、その真下を船が音もなく滑るように行き交う。タミレ村において船（舟）は、漁船であり、買い物や荷運び、日々の飲み水を汲みに行くためのものでもあり、ちょっとご近所の家まで行くためのものでもある。家々をつなぐ橋は、複雑かつ無計画に張りめぐらされ、しかも頻繁に壊れては作り直される。海側集落の住民でさえ全貌を把握していないので、行き止まりになったり、違うところに出てきてしまったりする。そんなところを通るよりも、小舟に乗って移動するほうがよっぽど簡単なのだ。

　タミレ村では大小様々な船（舟）が利用されている。船は一般にソッペ *soppe* とよばれるが、これは同時にかれらがもともと乗っていた家船を指

す言葉でもある。このソッペという総称に、ジョロル *jolor*、ボロトゥ *bolotu*、ココリ *kokoli* などそのほか多数の船も含まれる。

　先行研究によれば、サマ人の使用する住居一体型の船（家船）および漁船は、構造や装飾、機能などの異なる多数の種類がある。家船には、レパ *lepa*（リパ *lipa*）などアウトリガーのついていない船や、ジェンギン *djenging* などアウトリガーを装着したものもある。また、特に漁撈に用いられる船には、ボッゴ *boggo* とよばれるくり舟や、ビラウ *birau*、ビトッ *bitok*、ジュンクン *junkun*、トンダアン *tonda'an* などがあり、これらは係留地で家船間を移動する際にも用いられる［Nimmo 1990］。さらにエンジンを積載したテンペルやコンピット（クンピット）などの動力船も利用される［門田 1997（1986）：114-122］。

　タミレ村の船をみてみると、まずソッペは、村内で確認された種々の船の総称を指すほかに、かつて居住や漁撈のために用いられた屋根つきの木造合板のいわゆる家船を指す。屋根には一般に、サゴヤシの葉が用いられる。家船のソッペは、動力化されておらず、帆も装着されていない。

　写真 2-1 はタミレ村に現存する唯一のソッペで、2017 年時点ですでに長いこと使用されておらず物置として係留されているのみだった。船の後端には固定舵がついており、水棹も備えられていた。2024 年 3 月に確認した際は木材の腐朽が進み、内部のいくつかの部品もなくなってしまっていた。バンガイ諸島南部のサマ集落にも家船のソッペが現存していたが、やはり使われておらず、湾内の水底に沈んでいた。

　ソッペは、構造上はレパに類するが、伝統的なレパは船尾と船首が尖り、美しい彫刻が刻まれる特徴をもつのに対して［小野 2011：372］、ソッペにはこうした装飾はみられない。また、レパに代わって主流となってきた家船テンペルのように、動力化しやすい船尾の垂直構造［門田 1997（1986）：118；小野 2011：372］もみられない。ソーファーは、インドネシア東部のサマ人が家船や漁船として用いる船として「*soppeś*」を挙げており、これはスラウェシ島南部、東部、北部の沿岸部で利用される、パドワカンよりは小さく、アウトリガーをもたないものである［Sopher 1977（1965）：211-

第 2 章　バンガイ諸島サマ人の漁撈活動

写真 2-1　タミレ村で確認された唯一の家船ソッペ
(2017 年 10 月 19 日筆者撮影)

212]。バンガイ諸島周辺のサマ人の家船については、20 世紀初頭には多くのサマ人がパドワカンとよばれるかなり大きな船で暮らしていたこと［Goedhart 1908：472］や、タブンク（現在の中スラウェシ州モロワリ県周辺）の対岸のサマ人が 80 隻の大きなパドワカンと、20 隻のより小さいソッペ *soppes* を保有していたこと［Goedhart 1908：472］などの記録がある。

　つづいてジョロルはエンジンを積載した動力船で、色鮮やかなコーティングやガラス繊維強化プラスチック加工（Fiber Reinforced Plastics：FRP）をされているものが多い。ジョロルはタミレ村のサマ人漁師が用いる船としては最も大きなものである。その反面、集落内を自由に移動することには適しておらず、船着場などに係留されている。動力船によくみられるように船尾は垂直になっている。ジョロルは、ダイナマイト漁のように一度に大量の漁獲を得る漁のため、あるいは集荷人が海上で漁師から直接漁獲を

59

写真 2-2　1920 年にバンガイ島沖とみられる地点で撮影された家船
(バンガイ諸島県国立公文書館提供)

買いつけるために利用される。近隣の集落や島へ出かける際にもこうした漁船を予約することになる。

　漁船として最も一般的な船は、1～3人乗りの木造船ボロトゥである（写真 2-3）。ボロトゥは合板に用いる板の数や、船の全長、幅などに差があり、一様ではない。漁船として用いるボロトゥの場合は大部分がエンジンを積載しており、これらはジョロルと同様に船尾が垂直になっている。ただし、エンジンを積載せずに利用するボロトゥも少なからずみられる。いずれにせよ、ジョロルと比べれば全長が短く、特殊加工などがされていない、素朴な木造船がボロトゥということになる。

　バンガイ諸島県の国立公文書館（Arsip Banggai Kepulauan）には、1920 年に撮影されたという家船の写真が保管されている（写真 2-2）。キャプションには「穏やかな海の雰囲気のバンガイ湾で魚を探している漁師。"ボロ

第 2 章　バンガイ諸島サマ人の漁撈活動

トゥ船"*1 は今ではもう見られなくなり、おそらく近代化によってすでに消滅してしまった、1920 年撮影」（筆者訳）と書かれている。

　写真 2-2 からは、一隻の家船の構成はおそらく両親とその子どもの核家族世帯であることがうかがえる。また、後端には水平三色旗が、船首には垂直に伸びた特徴的な装飾がみられる。写真 2-1 の現存するソッペにはこうした装飾はみられず、またボロトゥやジョロルの大部分にもみられない。タミレ村を含む周辺のサマ集落から注文を請け負って船を製造する隣村のドックでは、「船首が垂直に伸びた装飾こそサマ人の船の伝統である」として、サマ人の顧客向けには積極的にこの様式の船を製造している。ただし、垂直に伸びた部分は写真にみられるほどの長さではなく、わずかに突き出る程度である。

　バンガイ諸島周辺で帆船型の家船がいつ頃まであったのかは定かではない。しかし、杭上家屋に定住化して家船が利用されなくなったあとに、漁船として帆船ボロトゥ・ラヤー *bolotu layah* を使用していた経験のある者は多い。タミレ村にエンジンが導入される 1970〜1980 年代以前は、むしろこのボロトゥ・ラヤーが一般的であった。エンジンが導入されて移行、帆船ボロトゥは動力船ボロトゥに代わられた。

　副業的におこなわれるイカ漁には、ランプを漁灯として用いる光源つきの船もあるが、これらはここ数年で導入された船で、ボロトゥには含まれない。

　ボロトゥはほとんど全てが動力化されたが、エンジンが積載されていないものもある。これらの多くは、女性たちによる洗濯や水汲み、海上集落内での買い物、市場や仲買人・集荷人の家での漁獲物の水揚げなどに用いられる（写真 2-4）。

　さらに、最も小さな木造船としてココリが用いられている（写真 2-5）。これはエンジンが積載されていない手漕ぎのくり舟で、集落内の移動や洗

＊1　ここでいう「ボロトゥ船（PERAHU BOLOTU）」はインドネシア語で「小型の船」を表す「*perahu*」が用いられていることから、後から解説として付されたものと考えられる。実際に、タミレ村住民はこの写真をみて「ソッペ」と表現していた。

61

写真 2-3　家船ソッペ（左）とボロトゥ（右）
(2017 年 9 月 17 日筆者撮影)

濯、水汲みなどのために、女性や子どもも日常的に利用する。

　洗濯物や水汲み用ポリタンクを大量に積むにはココリではやや心許なく、ボロトゥで一気に運ぶほうが効率的である。しかし海上集落の杭柱を縫うように漕ぎ、蛇行する河川を抜けるには、小回りの利くココリのほうが適しているし、小中学生程度の子どもの力でも十分に手漕ぎできる。タミレ村の子どもたちは操船しやすいココリから乗りはじめて波や櫂に親しみ、船底の水をヤシガラ椀やポリタンクで掬って捨てたり、揺れる船の上で遊んだりして、バランス感覚を養っていく。

第 2 章　バンガイ諸島サマ人の漁撈活動

写真 2-4　河口で洗濯や水汲みをする女性たちとボロトゥ（奥）
(2017 年 9 月 17 日筆者撮影)

写真 2-5　集落内の移動に用いられるココリ
(2017 年 9 月 11 日筆者撮影)

63

写真 2-6　タミレ村の船着場に係留される動力船(スピードボート)
(2018 年 11 月 22 日筆者撮影)

　この他に、船着場には複数のスピードボートや、より全長の長い動力船が係留されているが、これらはバンガイ諸島周辺の地域へ荷物や人の運搬のために用いられる(写真 2-6)。

2-1-2　漁法

　タミレ村で確認された主な漁撈活動には、大きく分けて網漁、釣り漁(手釣り漁と延縄漁を含む)、潜り漁、タコ漁、ダイナマイト漁の 5 つの漁法と、貝類などの採集や海藻養殖、活魚の畜養がある(表 2-3)。タミレ村で最も一般的な漁法は釣り漁、特に手釣り(擬似餌を用いた手釣り漁を含む)である。ただし、表 2-4 で示す対象者 15 名の多くがそうであるように、複数の漁法の漁具を船に積んで出漁することが多く、出漁前あるいは出漁中にそのときどきで漁法を変えることがある。

第 2 章　バンガイ諸島サマ人の漁撈活動

表 2-3　バンガイ諸島タミレ村の漁撈活動

漁法	
網漁 *ngaringgi*	刺し網漁
釣り	手釣り *missi*／擬似餌を使った手釣り（魚）*missi* 延縄漁（サメなど大型の獲物／小型の獲物）*panguddok*
潜り漁 *nuung*	棒突き 水中銃＋銛 捕獲
タコ漁	擬似餌を使った手釣り *nipo* 擬似餌を使った手釣り *mamanis* タコ鈎獲り漁 *ganchoh*
ダイナマイト漁 *panimbak*	
巻き網漁	
イカ漁	
採集（貝類、ウニ）*nubba*	
海藻養殖	
畜養（活魚やウミガメ）	

現地調査をもとに筆者作成

　調査対象者である 15 名の漁師の内訳を表 2-4 に示す。このうち、◉印
の付記された対象者 A、F、O は、第 4 章で論ずる名称と分類など、詳細
な漁撈知識の聞き取り調査の対象でもある。

　15 名の対象者の内訳をみると、オチェが「海をよく知っている」、「優
れている」、「熟練である」として選出した漁師らは、すでに述べた通り必
ずしも年配者とは限らないことがわかる。たとえば表 2-4 中で最も高齢の
漁師 I（推定年齢 70 歳、網漁）が選ばれた一方で、最も若い漁師 L（潜り漁）
は推定 29 歳であり、約 40 歳も離れている。ここには、漁法の選択・従事
における次のような時代性が反映されていると考えられる。

　サマ人漁師は一般的に、特定の漁法や漁獲にこだわって継続・継承する
とは限らない。もちろん、たとえば親が刺し網漁師の場合には初期投資が
不要で、やり方も親から習うことができるので、親と同じ漁法を選択する

65

表 2-4　バンガイ諸島タミレ村の漁撈活動

対象者	推定年齢	世帯人数	主な漁法	その他の漁法
A◉	59	5	釣り漁（手釣り、擬似餌）	延縄漁（魚）
B	45	3	釣り漁（手釣り、擬似餌）	
C	39	5	延縄漁（サメなど）	網漁（刺し網）
D	38	5	ダイナマイト漁	
E	49	6	釣り漁（手釣り、擬似餌）	
F◉	58	3	釣り漁（手釣り、擬似餌）	
G	62	3	潜り漁（棒突き、捕獲）	釣り漁（手釣り、擬似餌）
H	48	7	網漁（刺し網）	
I	70	2	網漁（刺し網）	
J	32	4	潜り漁（棒突き、捕獲）	
K	50	3	潜り漁（棒突き、捕獲）	
L	29	4	潜り漁（棒突き、捕獲）	
M	50	6	釣り漁（手釣り、擬似餌）	
N	40	4	釣り漁（擬似餌）	
O◉	45	7	潜り漁（棒突き、水中銃）	釣り漁（擬似餌）

現地調査をもとに筆者作成

者も少なくない。しかし、むしろそのとき換金性や需要の高い海産物を獲得するために、漁法を複数選択したり、新しい漁法に切りかえたりする。ただし高齢の漁師になるとその限りでなく、新しい漁法を導入しないことも多い。このようにサマ人漁師の漁法選択は、時代の影響を受けやすいことから、高齢の漁師ばかりが従事する漁法や、若年層ばかりが従事する漁法など、各漁法従事者の年齢に偏りが生じると考えられる。

　タミレ村の場合はどのような偏りが生じているのか詳しく述べよう。たとえば網漁はかつてタミレ村でも一般的な漁法で多くの漁師が従事していた。しかし、ダイナマイト漁によってサンゴ礁が破壊されたために、サンゴ礁付き魚種が減少し、網漁に従事していた漁師たちは他の漁法に転向し

た。特に、家族を養うために現金収入が必要だった若年層は、新たに漁撈活動に参入する際、あるいは転向する際には、ダイナマイト漁やタコ釣り漁に流れる傾向があった。初等教育の普及や漁船の動力化などを経た今日、タミレ村で生活をするにも現金の需要は高い。加えて燃油価格は高騰し続けており、遠方の漁場まで出漁したからといって十分な利益が得られるとは限らない。一度に大量の漁獲を得ることのできるダイナマイト漁や、国際的な需要増の影響で買付価格が上昇しているうえにタミレ村の沖でもできるタコ釣り漁は、若年層の漁師にとっては魅力的なのである。他方で網漁に従事していた比較的高齢の漁師たちは、少しでも多くの収入を得ようと躍起になっているわけではない。自家消費する程度の小魚などがあればよく、余剰が出れば村内の公設市場で売って現金に換える。手釣り漁で遠方へ出漁することは体力的に厳しいだけでなく、コストパフォーマンスも悪い。こうした理由から、年配の漁師たちはリスクの高い手釣り漁よりも収入は多くないが損も少ない網漁を続けている。

　そのため、現在も網漁に専業的に従事している漁師は比較的高齢の者が多い。それも燃油価格が高騰する以前から長年のあいだ網漁に従事してきた漁師となると、漁師Iのように高齢の者がわずか数名いるだけである。

　資源減少の影響で従事者の少なくなった漁法には、サメ延縄漁も挙げられる。元々、サンゴ礁性沿岸域の利用がサマ人の伝統的な漁撈活動とされるなかで、唯一の例外は釣り針を利用するサメ漁と、ウミガメを捕獲する銛漁であった［長津1995］。タミレ村でも少なくとも1970～80年頃までは、漁師A、C、オチェラをはじめとする多くの漁師がフカヒレを捕る目的からサメ延縄漁に従事していた。しかしリメの国際取引が制限されたり、資源自体が減少したりするなかで、サメ延縄漁に従事する者は少なくなっていった。現在のタミレ村でサメ延縄漁に従事する漁師はほとんどいなくなってしまった。漁師Cは39歳とまだ比較的若く、網漁をやってみたり、ロブスターなど換金制の高い海産物の集荷をしたりと、色々なビジネスに挑戦しながら、他のサマ人集落の友人や家族と一緒にサメ延縄漁にも参加している。かつてサメ延縄漁に従事していた漁師たちは引退したか、ある

いは手釣り漁や一般的な魚を対象とする延縄漁に転向しているため、年配
かつ現役のサメ延縄漁師はほとんどいない。

　また、2000年頃からは漁船員（Anak Buah Kapal：ABK）として漁撈に従
事する者がタミレ村でも増えはじめている。彼らはブギス人またはマカッ
サル人の所有する巻き網船（パジェコ pajeko）と契約して、漁船員として
一定期間乗船し収入を得る。巻き網漁は網漁のひとつではあるが、表2-3
における網漁（ngaringgi）には含まれていない。タミレ村では新しい漁業
形態かつ体力のいる仕事であることから、パジェコ船の漁船員は30代か
ら40代が主な年齢層で、年配の漁師はほとんどみられない。

　より典型的に、年齢によって限定されるような漁法もある。潜り漁は長
時間海水に潜るため、体力を消耗するだけでなく潜水病などのリスクも高
い。現在タミレ村で潜り漁に従事する者もほとんどが20代や30代の若者
である。年齢を重ねて体力的に厳しいと判断し、利益よりもリスクが高く
なると彼らは潜り漁を辞めて別の漁法に転向する。あるいはブギス人やマ
カッサル人などを船主とする漁船に、タミレ村を含むバンガイ諸島やスラ
諸島など周辺のサマ集落から多くの若者が乗り込み、潜り漁に従事すると
いう形態がある。現在タミレ村で潜り漁に従事する漁師には、この経験を
経た者も少なくない。少なくとも2023年頃までは、南スラウェシ州のマ
カッサル市やバランロンポ島には、バンガイ諸島周辺のサマ人を連れてナ
マコ採捕を目的とした漁船に仲介する業者がいた。しかしナマコの資源枯
渇は進み、さらにコロナ禍に中国市場への輸出制限などの影響を受けて、
仲介業者のなかにはとうとう廃業に追い込まれる者もいた。

　以下では、各漁法とそれぞれで用いられる漁具の詳細を述べる。

手釣り漁

　タミレ村で最も一般的な漁法は、単に糸先に針をつけたり、擬似餌を用
いたりする手釣り漁である。竿釣りやトローリングはおこなわない。手釣
り漁に含まれるものとしては他に延縄漁と、タコを対象とする擬似餌漁が
あるが、これらについては別項で詳述する。

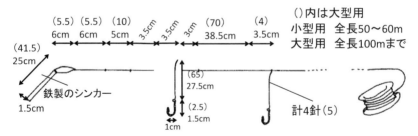

現地調査をもとに筆者作成
図 2-1　桛・道糸・釣り糸と針・シンカーから成る手釣り漁具ロンゲンの一例

　手釣り漁はミッシ *missi* と呼ばれ、主に浅海から外海にかけておこなわれる。サマ語で「釣り針」は「ピッシ *pissi*」という。この語頭が m- に転じると「釣る」、「手釣り漁をする」を表す動詞ミッシ *missi* となる。これに接頭辞 pa- が付くと名詞パミッシ *pamissi* となり、手釣り漁に従事する漁師を意味する。

　手釣りの漁具は、道糸を桛（カセ）に巻き付けておいて、その先に様々な仕掛けをつけるという素朴なものである。代表的な仕掛けであるロンゲン *rongen*（図 2-1）は、道糸に結んだ釣り糸（ハリス）と針およびシンカーから成る。道糸は短いもので全長 50〜60m、長いものでは 100m 程度まである。複数の釣り糸と針が道糸に結ばれるが、延縄漁具と比べると、針はいずれも 4〜5 個と少なく、また釣り糸と針の強度もそれほど高くないという違いがある。ロンゲンの釣り糸は 40〜70cm 程度の間隔が空くが、最初の釣り糸は鉄製のシンカーから 24〜28cm 程度離れたところに結ばれる。したがって、シンカーの重さや深度にもよるが、比較的水深の深いところから表層付近までの魚種を広く対象として仕掛けることができる。

　シンカーの最適な重さは、対象魚種や潮の流れによっても異なる。より軽量なシンカーを用いた漁具が図 2-2 のスギ・ティガ *segi tiga*（インドネシア語で「三角形」の意）である。桛と道糸の先端に、三角形の小さなシンカーと釣り針を結んだもので、いわゆるブラクリ針状の漁具である。ロンゲンのシンカーは長い道糸を釣り糸ごとしっかりと沈め、重く嵩張る、

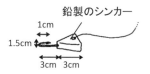

現地調査をもとに筆者作成

図 2-2　道糸に装着する三角形のシンカー、スギ・ティガの一例

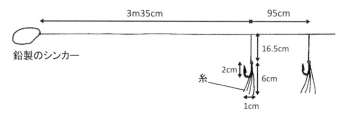

現地調査をもとに筆者作成

図 2-3　シンカーから釣り針が離れた手釣り漁具ニャンカの一例

現地調査をもとに筆者作成

図 2-4　道糸と釣り針を針金でつないだ手釣り漁具ライヤンの一例

棒状の鉄である。一方、小さなスギ・ティガは岩礁や海藻などの間に潜む根魚を狙うのにより優れた漁具といえる。さらに、大きい鉛製のシンカーから離して釣り針を取りつけたニャンカ nyangka（図2-3）、道糸と釣り針の間に針金でつないだライヤン raiyang（図2-4）などがみられる。シンカーや釣り針、釣り糸は、既存のパーツを組み合わせたり、位置を調整したりして用いられるが、擬似餌については漁師自身が有り合わせの素材で工夫して作りあげることが多い。

　疑似餌を用いた釣り漁の漁具も、桴と道糸が基本となる。道糸の先端に釣り針を取りつけ、それを隠すように牛の毛（部位は不明）と裂いたビニールテープ、魚の皮を乾燥させたものなどをつけた毛針のような疑似餌釣り漁具マンチョー manchoh（図2-5）はその代表的なもので、シンカーの種

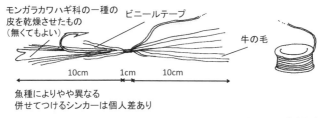

現地調査をもとに筆者作成
図 2-5　疑似餌釣り漁具マンチョーの一例

類には個人差がある。マンチョーの擬似餌となる魚の皮は、軽く薄く、かつ硬いものが適している。漁師たちがよく使うのは、日常的に食卓にあがるモンガラカワハギ科の魚である。カワハギの仲間は鱗が退化して全身がざらざらとした硬質な皮膚に覆われているため、その名の通り頭から簡単に皮を剥ぐことができる。綺麗に剥いだ皮を数日間干して、乾き切らないうちに加工して擬似餌に装着する。

　より小魚に近い疑似餌としては、スプーンを折り曲げるなどして作るスプーン式あるはジグ式の疑似餌バレオン *baleon*（図 2-6）や、冠型の釣り針とシンカーとセットになったエギ（餌木）のような疑似餌ドアー *doah*（図 2-7）、木製またはプラスチック製のプラグ式ルアーのような疑似餌ボカル *bokar*（図 2-8）がある。バレオンやボカルなどには、魚種や漁場に適したシンカーや桛・道糸が用いられる。

　手釣り漁の漁具は、シンカーの重さや形状、シンカーから釣り針までの距離、釣り糸の素材、釣り針の形状、擬似餌の素材や形状など様々な部分が少しずつ異なる。

　タミレ村には漁具の専門店は無いが、スピードボートで30分ほど行ったところにある隣のバンガイ島や、あるいはペレン島の中心地サラカンにも釣具店がある。ただしこちらは車やバイクで2時間ほどかかる。特に後者は時間もお金もかかるので、わざわざ釣具を買いに行く漁師はまずいない。少なくとも2019年頃までは、かれらは漁のついでにバンガイ島に寄って直接購入するか、人づてに購入していた。その後タミレ村の電気状況が

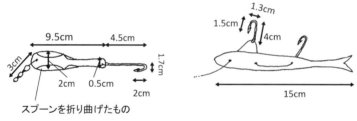

図 2-6　スプーンなどから作るジグ式の疑似餌バレオンの二例

図 2-7　冠型の釣り針とシンカーとセットになったエギ式の疑似餌釣り漁具ドアーの一例

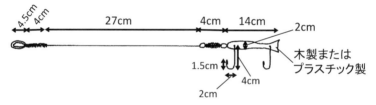

図 2-8　疑似餌に釣り糸が取りつけられたプラグ式の疑似餌釣り漁具ボカルの一例

安定してくると華人系オーナーの経営する村内の小売店が事業を拡大し、漁具や工具にも商品を展開しはじめた。2023 年に訪れた際には、陳列棚の前で漁師がビニールテープや釣り針を手にとって見比べているのをよく見かけるようになった。

　バンガイ島の店舗でも既製品のジグやルアーを販売してはいる。しかし多くの場合タミレ村の漁師たちは、素材から加工して、あるいは有り合わせの安い素材を組み合わせて釣具を作りあげるし、修理もする。さらに漁場の潮流や対象魚種に合わせて調整できるように、道糸から取り外しが

可能なパーツをいくつも用意して船に積んでおく。また、釣具の作りかたはあくまで漁師個人の創意工夫に委ねられる。マンチョーを例にとってみても、漁師によって使う素材は少しずつ違うし、漁師自身も魚の皮の長さや、ビニールテープの量など、日々の漁の手応えから調整していくのである。

　手釣り漁は、男性漁師がひとりで出漁することが多く、同船したとしても友人や配偶者など1名が加わる程度である。出漁時期や対象漁獲の季節性などを問わず1年を通しておこなわれる。時期や漁場について禁漁期間などの制限は設けられていない。

　対象魚種には、サバ科、ハタ科、アジ科、カワハギ科、モンガラカワハギ科、ブダイ科、サワラ属、スズメダイ科、イットウダイ科などがあり、岩礁棲の魚や回遊魚など様々である。ペレン島の沿岸の岩礁や藻場、あるいは浅瀬や砂礫地を狙うならばバンガイ諸島周辺海域に点在する漁場でも釣ることができる。

　島沿岸部を除き、出漁できる漁場は季節風や月齢・潮汐の影響を受ける。手釣り漁師たちは、「何を釣りに行くか」というよりはまず季節風、そして後述する適漁期を考慮し、そのうえでどこに出漁するのか、燃油や餌などの保有状況もみて考える。予定される漁場により出漁時間は異なるが、釣りをおこなう時間帯は一般的に朝7時頃から正午にかけての数時間である。

延縄漁

　つづいて延縄漁は、パングッドッ *panguddok* とよばれ、これは延縄漁具ッドッ *ddok* に由来する。

　延縄漁には、サメなど大型の獲物を対象とするものと、小型の魚類を対象とするものがあるが、いずれも主に浅海から外洋にかけての広い範囲でおこなわれる。延縄漁で用いられる漁具ッドッ *ddok* は、幹縄と枝縄から成るッドッ・タンシ *ddok tansi*（図2-9）と、枝縄の先端に装着する釣り針ピッシ（図2-10）から成る。

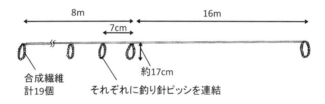

現地調査をもとに筆者作成

図 2-9　小型の獲物用の幹縄・枝縄ッドッ・タンシの一例

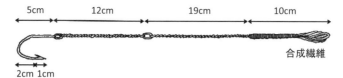

現地調査をもとに筆者作成

図 2-10　小型の獲物用の釣り針ピッシの一例

　大型の獲物を対象とする延縄漁では、サメやエイ、カジキ科などがその対象となる。この場合の延縄漁は、タミレ村周辺で午前〜夕方の間におこなう日帰りの漁か、2〜3日程度かけておこなう漁がある。後者の場合には、やや遠い漁場を目指したり数カ所の漁場を移動したりする。日をまたぐ漁では、バンガイ諸島の島々の沿岸部に点在する漁撈用の杭上家屋ブバロ bebaro を利用する。少なくとも 2000 年以前、タミレ村が旧集落にあった時期には、多くの漁師がサメ延縄漁に従事した。1970〜80 年代にエンジンが導入される以前は、南北の季節風を利用してペレン島以北からバンガイ島以南までの広い海域に出漁していたという。エンジン導入後は、タミレ村東方の漁場でもおこなわれるようになり、サメ（カレオ kareo）の名が冠される漁場もある。しかし、その後はタコ漁やダイナマイト漁など新しい漁法に従事する若年層が増加したこともあり、サメ延縄漁に従事する漁師は減少した。現在、タミレ村でサメ延縄漁に従事する漁師はごく少数である。

　つづいて小型の獲物を対象とする延縄漁では、アジ科、ブダイ科、ハタ

科などが対象である。この場合の延縄漁は、午前から夕方にかけて数時間程度おこなわれる。大型の獲物を対象とする漁との違いは、幹縄・枝縄のッド・タンシに装着する釣り針ピッシの数と大きさである。釣り針ピッシの数は60〜100個程度で、サメなどを対象とする場合のそれよりも小型の針が用いられる。

一般に、男性漁師1名とその親子や兄弟1〜3名が同船して出漁する。季節を問わずおこなわれるが、漁場や出漁行程は季節風の影響を受けることがある。

タコ漁

一方、マダコ科のワモンダコ（クイッタ *quitta*）を対象として疑似餌を用いる釣り漁はニポ *nipo* と呼ばれる。タコ漁では、鈎獲り漁具ガンチョー *ganchoh*、ホシダカラガイ（ボレー *bolleh*）とスプーンを用いてタコを模した疑似餌チポ *cipo*、白化したサンゴ（以下、サンゴ石）を用いる疑似餌ガラガラ *gara-gara*（図2-11）またはママニス *mamanis*、専用の釣り針パンゴエ・クイッタ *pangoe quitta*（図2-12）などの漁具がある。ガンチョーは浅海で、その他は外海でもおこなわれる。

ニポやママニスなどのタコ釣り漁は、男性漁師1名か、その友人や家族などとあわせて1〜2名が同船して出漁する。出漁時期は季節を問わず、1年を通しておこなわれるが、季節によっては出漁に困難な漁場がある。一般的に朝6時頃に出漁し、昼間帯にタコ漁がおこなわれる。

漁場に到着するとまず、疑似餌チポやママニスを海中まで下ろし、タコがおびき寄せられて水面近くまで上がるのを待つ。ママニスの場合は、水中眼鏡で船から身を乗り出して海中を覗きこみ、疑似餌をゆらしてタコを待つ。タコがおびき寄せられたところを、パンゴエ・クイッタで釣りあげる。ニポの場合は、タコが擬似餌に抱きついたところを、タコごと一気に引きあげる。

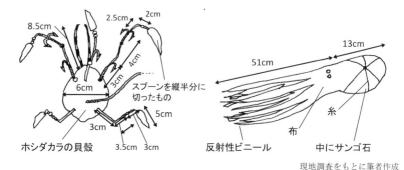

現地調査をもとに筆者作成

図2-11　ホシダカラを用いた疑似餌チポ（左）、サンゴ石を用いた疑似餌ガラガラ（右）の一例

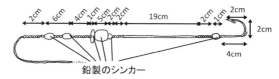

現地調査をもとに筆者作成

図2-12　タコ用疑似餌と併せて使用する専用の釣り具パンゴエ・クイッタの一例

ダイナマイト漁

　漁撈用爆発物を利用する漁法は、爆発物そのものの名前と同様にパニンバッ panimbak とよばれる。これはブラスト・フィッシング（blast fishing）［赤嶺 2008］といわれる方法のひとつである。本書では便宜的にダイナマイト漁と表記するが、実際に使用する爆発物はダイナマイトではなく、塩素酸カリウムなど発火性の混合物を用いた爆発物である。ダイナマイト漁は、漁場を選ばず、タミレ村周辺の沿岸部でも十分な漁獲が得られる。近年、ダイナマイト漁は増加傾向にあり、政府の取り締まりにもかかわらず続けられている。

　ダイナマイト漁では、後述する漁撈用爆発物のほかに、爆発後に浮上した魚を収集するための網、潜水マスク、足ビレが用いられる。一般的に、友人や兄弟、家族など男性漁師1～3名程度が同船して出漁する。1年を通じておこなわれるが、季節によっては出漁範囲がタミレ村近辺に限定さ

れることもある。また、北風の季節は海流が温かく、魚が表層に上昇して
くるため特に適しているとされる。ダイナマイト漁の対象となるのは、ハ
タ科、フエダイ科、ブダイ科、アジ科などの魚類である。

　ダイナマイト漁では、午前2〜4時頃に出漁して早朝に漁場へ到着する
と、十分な漁獲があるまで漁をおこない、午前9〜12時頃に帰漁する。漁
場ではまず、海中をのぞいて魚の群れを探す。魚がいることを確認すると、
導火線に電池を繋げて発火させ、爆発物を遠くあるいは下へ投げて爆発さ
せる。その後、潜水して、水面に浮びあがった魚を収集用の網に入れる。
網にいっぱいになったら船に移し、また潜って集めるという作業を繰りか
えす。この間、船上に留まる漁師は操船しながら魚の引き揚げを手伝う。
多いときは1回の漁に5〜6個程度の爆発物を積むこともあるが、実際に
使用されるのは3個程度である。爆発物を全て使用した後にも、手持ちの
手釣り漁具などを用いて漁を続けることもある。

　爆発物の材料として用いられるものは、ウバ *uba* とよばれる農業用肥料
である。以下には、爆発物の製造工程を記す。

1.　ウバを灯油で炒める

2.　ウバを酒瓶かペットボトルに入れる

3.　マッチの頭薬をナイフで切り落とし、軸木は捨てる

4.　マッチ箱の側薬を紙ヤスリで削り落とす

5.　3と4を混ぜ合わせる

6.　5と1を、2の容器に交互に重ね入れ、棒でかき混ぜる（写真2-7）

7.　豆電球のガラス上部を紙ヤスリで削って穴を開け、5を入れる

8.　タバコの箱内部に使われている金色の巻き紙で筒を作り、中に5を入
れる

9.　7に8を被せるようにしてくっつけ、糸で何重も巻いて固定する

10.　9の上からビニールをかぶせて軽く包む

11.　6に綿を詰め、上から5を入れる

12.　11に、9の火薬部分を下にして詰め、糸で何重も巻いて固定する

写真 2-7　容器に農業用肥料ウバと火薬を入れ、混ぜ合わせる作業
(2017 年 9 月 4 日筆者撮影)

13. 小さくちぎったビニールに石鹸の厚切りをのせ、これを 12 にかぶせる。
14. さらにビニールをかぶせ、輪ゴムを数個巻いて、余分なビニールを取る
15. ボロ布をかぶせ、さらに輪ゴムを数個巻く
16. 6 に豆電球を入れずにビニール紐と輪ゴムで蓋をしたもの 1〜2 本と、15 まで作った 1 本とをビニール紐で抱き合わせて完成

潜り漁

　潜り漁には、ヌウン *nuung* と呼ばれる突き漁や採捕が含まれる。潜りかたには、水中マスクなどを用いる潜水のほか、素潜りもみられるが、これらを併せて単に「潜り漁」とする。潜り漁は、外洋上に出現する海食柱や

78

第 2 章　バンガイ諸島サマ人の漁撈活動

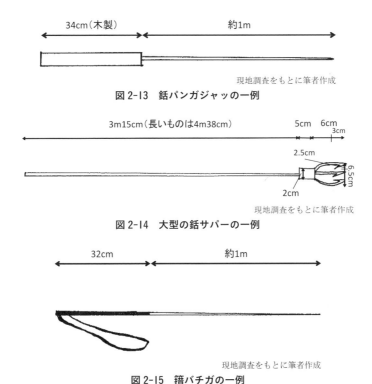

図 2-13　銛パンガジャッの一例

図 2-14　大型の銛サパーの一例

図 2-15　簎バチガの一例

離れ岩、沿岸部の岩礁の陰でおこなわれる。一般に、男性漁師 1～3 名が同船して出漁する。潜り漁は季節を問わず深夜におこなわれ、懐中電灯や集魚用ケロシンランプを用いて出漁する。

　潜り漁で用いられる漁具は、対象となる獲物のそれぞれに適した種類があり、1 人の漁師がこれを複数持って出漁し、そのときどきで使い分ける。アイゴ科やベラ科などの魚を対象とする場合には銛パンガジャッ *pangajak*（図 2-13）、大型の魚類には銛サパー *sapah*（図 2-14）や簎（ヤス）バチガ *baciga*（図 2-15）、また魚類のほかエイ、ウミガメには組み立て式の簎などが用いられる。組み立て式の簎は、柄のイディ *idi*（図 2-16）に、獲物に応じて 4 種類の先端部（エイ用、魚用、ウミガメ用）（図 2-17～19）や、そのほか大型の獲物用の先端部バカル *bakal*（図 2-20）などを使い分けて装

79

現地調査をもとに筆者作成
図 2-16　組み立て式籍の柄イディの一例

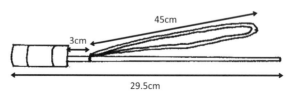
現地調査をもとに筆者作成
図 2-17　イディに取りつける、エイ用の先端部の一例

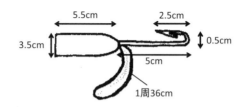
現地調査をもとに筆者作成
図 2-18　イディに取りつける、魚用の先端部の一例

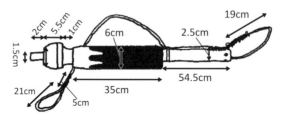
現地調査をもとに筆者作成
図 2-19　イディに取りつける、ウミガメ用の先端部の一例

着することで用いられる。このほかに、水中銃インド indo（図 2-21）やセミエビ科などの捕獲漁具パニェッコー panyekkoh（図 2-22）も用いられる。

網漁

　タミレ村の網漁で用いられる漁法は、刺し網漁のみがある。刺し網漁は

80

第 2 章　バンガイ諸島サマ人の漁撈活動

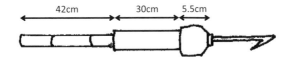

現地調査をもとに筆者作成
図 2-20　イディに取りつける、大型の獲物用の先端部バカルの一例

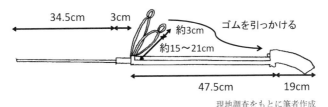

現地調査をもとに筆者作成
図 2-21　水中銃インドの一例

現地調査をもとに筆者作成
図 2-22　捕獲漁具パニェッコーの一例

ンガリンギ ngaringi とよばれ、この名は漁網リンギ ringi に由来する。親子や兄弟など 3～4 人の男性漁師でおこなうこともあれば、男性漁師 1 名やその配偶者を伴う 2 名などでおこなうこともある。刺し網漁は、漁網を設置して待機するなど時間がかかることから、出漁期間は日帰りのほかに 2、3 日程度かかることもある。季節性を問わず 1 年を通しておこなわれる。主な漁場は浅瀬や沿岸などシンカーが届く程度の深度の海域である。

　漁場に到着すると、まず漁網を設置して 1 時間ほど待機する。魚網を引き揚げて、網目に引っかかった魚を捕ってから、2 回目の設置をする。2 回目の設置では、1 回目の設置場所から移動することもある。再設置後も 1 時間ほど待機してから引き揚げ、同様の作業をおこなう。これらの作業の合間に、漁撈用の杭上家屋ブブロで休息をとったり宿泊したりすることもある。刺し網は、1 日に最大 3～4 回ほど設置されるが、漁場や魚種、魚網の種類によって異なる。

81

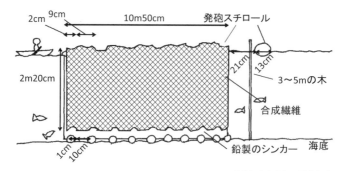

現地調査をもとに筆者作成
図 2-23　刺し網リンギ・タンバンの一例

　漁網の種類について、少なくとも以下の5種類が確認された。
① 　リンギ・タンバン *ringi tamban*：網目が約 0.5cm、小魚用
② 　（名称不明）：網目が約 5cm、対象は不明
③ 　（名称不明）：網目が 6〜14cm、対象は不明
④ 　（名称不明）：網目が 15cm、対象は小型のエイ
⑤ 　リンギ・リンカラン *ringi lingkaran*：対象はカツオの仲間、アジ科の魚など
　図 2-23 には、漁網リンギ・タンバンを用いた刺し網の一例を示す。

2-2　魚類

　本節では、タミレ村で実際に確認された漁獲物について、同定された魚種（一部甲殻類などを含む）の学名および標準和名を表 2-5 に記す。魚種の同定にあたっては、魚類学を専門とする京都大学大学院アジア・アフリカ地域研究研究科の岩田明久教授（当時）の協力を得た。
　魚類以外の生物種については、ノコギリガザミ属（Scylla）、アオリイカ属（Sepioteushis）、コウイカ属（Sepia）などがみられる。このほかに、汽水

第 2 章　バンガイ諸島サマ人の漁撈活動

表 2-5　タミレ村で漁獲対象となる魚

科名	属名	種小名	標準和名
Scombridae （サバ科）	*Rastrellige* （グルクマ属）	*kanagurta*	グルクマ
	Euthynnus （スマ属）	*affinis*	スマ
	Auxis （ソウダガツオ属）	*thazard thazard*	ヒラソウダ
	Acanthocybium （カマスサワラ属）	*solandri*	カマスサワラ
	Gymnosarda （イソマグロ属）	*unicolor*	イソマグロ
	Katsuowunus （カツオ属）	*pelamis*	カツオ
Carangidae （アジ科）	*Caranx* （ギンガメアジ属）	*melampygus*	カスミアジ
	Carangoides （ヨロイアジ属）	*ulvoguttatu*	ホシカイワリ
	Elagatis （ツムブリ属）	*bipinnulata*	ツムブリ
	Decapterus （ムロアジ属）		
Gerreidae（クロサギ科）	*Gerres* （クロサギ属）		
Sphyranidae（カマス科）	*Sphyraena* （カマス属）	*barracuda*	オニカマス
Priacanthidae （キントキダイ科）	*Priacanthus* （キントキダイ属）		
Coryphaenidae （シイラ科）	*Coryphaena* （シイラ属）	*hippurus*	シイラ
Lutjanidae （フエダイ科）	*Etelis* （ハマダイ属）	*carbunculus*	ハチジョウアカムツ
	Lutjanus （フエダイ属）	*gibbus*	ヒメフエダイ
		decussatus	アミフエダイ
		rufolineatus	キュウセンフエダイ
		kasmira	ヨスジフエダイ
		sebae	センネンダイ
	Aprion （アオチビキ属）	*virescene*	アオチビキ

83

Isotiophoridae (マカジキ科)	*Tetrapturus* (フウライカジキ属)	*angustirostris*	フウライカジキ
Balistidae (モンガラカワハギ科)	*Balistapus* (クマドリ属)	*undulatus*	クマドリ
	Odonus (アカモンガラ属)	*niger*	アカモンガラ
Caesionidae (タカサゴ科)	*Caesio* (タカサゴ属)	*lunaris*	ハナタカサゴ
		caerulaurea	ササムロ
Siganidae (アイゴ科)	*Siganus* (アイゴ属)	*guttatus*	ゴマアイゴ
Mullidae (ヒメジ科)	*Parupeneus* (ウミヒゴイ属)	*multifasciatus*	オジサン
		barberinus	オオスジヒメジ
		indicus	コバンヒメジ
Nemipteridae (イトヨリダイ科)	*Parascolopsis* (タマガシラ属)	*akatamae*	アカタマガシラ
	Scolopsis (ヨコシマタマガシラ属)	*vosmeri*	タイワンタマガシラ
	Pentapodus (キツネウオ属)		
Acanthuridae (ニザダイ科)	*Ctenochaetus* (サザナミハギ科)	*striatus*	サザナミハギ
	Acanthurus (クロハギ属)	*bariene*	カンランハギ
	Paracaesio (アオダイ属)	*xanthura*	ウメイロ
	Naso (テングハギ属)	*tonganus*	トサカハギ
Serranidae (ハタ科)	*Cephalopholis* (ユカタハタ属)	*argus*	アオノメハタ
		urodeta	ニジハタ
		miniata	ユカタハタ
	Epinephelus (マハタ属)	*fasciatus*	アカハタ
		taunvina	ヒトミハタ
		malabaricus	ヤイトハタ
	Veriola (バラハタ属)	*albimarginata*	オジロバラハタ
	Plectropomus (スジアラ属)	*leopardus*	スジアラ

第2章　バンガイ諸島サマ人の漁撈活動

Lethrinidae（フエフキダイ科）	Lethrinus（フエフキダイ属）	harak	マトフエフキ
		semicinctus	アミフエフキ
		ornatus	ハナフエフキ
Pomacanthidae（キンチャクダイ科）	Pomacanthus（サザナミヤッコ属）	semicirculatus	サザナミヤッコ
		imperator	タテジマキンチャクダイ
Kyphosidae（イスズミ科）	Kyphosus（イスズミ属）	cinerascens	テンジクイサキ
Ephippidae（マンジュウダイ科）	Platax（ツバメウオ属）	pinnatus	アカククリ
Scaridae（ブダイ科）	Plectorhinchus（コショウダイ属）	polytaenia	リボンスイートリップス
	Scarus（アオブダイ属）	ghobban	ヒブダイ
Pomacentridae（スズメダイ科）	Abdefduf（オヤビッチャ属）	vaigiensin	オヤビッチャ
Cabridae（ベラ科）	Iniistius（テンス属）	pavo	ホシテンス

現地調査をもとに筆者作成

域や内湾ではボラ科（Mugilidae）の魚などが獲れることもある。マカッサルなどへ運ばれる大型の魚類や高級魚には、ヤイトハタや、スジアラ、オジロバラハタなどのハタ類や、センネンダイなどフエダイ属のうち大型の魚などがある。そのほかの大型の生物種では、アカエイ科（Dasyatidae）などのエイ類や、オオセ（Orectolobus japonicus）、ネムリブカ（Triaenodon obesus）、トンガリサカタザメ（Rhynchobatus australiae）を含むトンガリサカタザメ属（Rhynchobatus）などのシノノメサカタザメ科（Rhinidae）などがみられる。また、食用魚ではないが、ツノダシ（Zanclus cornutus）などツノダシ属（Zanclus）の魚が獲れることもある。

85

写真 2-8　帰漁したボロトゥ船とフウライカジキ
(2017 年 10 月 17 日撮影)

写真 2-9　市場でハタ科の魚を捌く女性
(2018 年 10 月 25 日撮影)

2-3 漁場

　タミレ村の漁師が利用する主な漁場は、少なくとも 29 ヵ所確認された。これらは第 4 章で示すように、海底微地形に基づき、ラナ型、パンギリ型、ティンプス型、パマンガン型の 4 つの型に分類することができる。本項では漁場の位置関係のみを示し、それぞれの分類の特徴については第 4 章で詳述する。

　29 カ所の漁場の位置を示した図 2-24 をみると、ペレン島東部に多くの漁場があることがわかる。図中 L1〜L4 など同北部の漁場や、L15〜L18 など同南東部の漁場は、かつては利用されていたというが、現在タミレ村からこれらの漁場へ出漁する例は確認されなかった。タミレ村の漁師は、エンジンが導入される以前、帆船を利用していた時期にはこれらペレン島

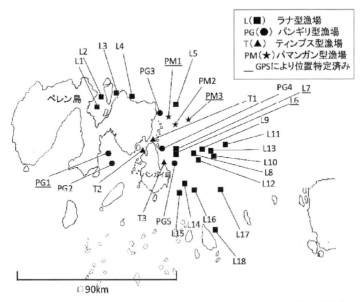

現地調査をもとに筆者作成

図 2-24　タミレ村のサマ人漁師が利用することのある漁場の位置関係

北部や南東部の漁場の利用が一般的であったという。

　出漁する漁場を選定する際には、季節や時間帯が判断材料のひとつとなる。そのほか、日常的に漁師間で交わされる会話のなかで、魚の食いつきや天候、波浪状況などの情報が共有される。こうした情報共有は、タミレ村内だけでなく出漁先の漁場や航路で他集落のサマ人漁師に遭遇した場合にもおこなわれる。

　漁場や漁法、出漁時期などについて、タミレ村内あるいはタミレ村を含む他のサマ人集落間に、慣習的な管理制度や取り決めなどは確認されなかった。公的には取締りの対象であるダイナマイト漁も同様に規制されていないが、近年ではこれをタミレ村の津波被害と関連づける言説もある。その内容は、ダイナマイト漁によってサンゴ礁が破壊された結果、魚類の生息地が減っただけでなく防潮堤の役割が果たせなくなった。これまで防ぐことができていた規模の津波も防げなくなり、2000 年の津波に代表されるような大きな被害につながった、というものである。しかし、このように暗にダイナマイト漁を批判するような言説を語る住民らも、かつて自身もダイナマイト漁に従事していたり、親戚や友人が現在もダイナマイト漁に従事していたりすることがあり、表立って批判することはためらわれる立場にある。また漁撈用爆発物の材料となる農業用肥料ウバの売買に携わるなど、間接的に関わっている者でもこのような言説を語ることがある。しかし、大学教育を受けた非漁師の若年層の中には、環境破壊や資源管理の点からダイナマイト漁を否定的に捉え、これを中止するようダイナマイト漁従事者に直接交渉する者が出はじめている。ただし、このような取り組みはかなり少数派であり、現在までのところ交渉が成立したことはない。

　タミレ村におけるエンジンの導入は、漁場の発見や選択に大きな影響を与えた。エンジンの導入は、1970〜80 年頃にタミレ村の華人系住民が購入し、これをサマ人漁師らに貸し付けたことからはじまった。漁師らはエンジンを借用する代わりに、漁獲の一部を華人系住民に納めた。タミレ村で最初にエンジンを積載して出漁したのが、漁師 A とオチェであった。2人はペレン島東部のそれまで及ばなかった範囲まで到達し、新たな漁場を

第 2 章　バンガイ諸島サマ人の漁撈活動

開拓した。この漁場は、東方の漁場としては当時もっとも遠方であったことから、2 人によってラナ・マテオ *Lana mateo*（遠いところのラナ）と名付けられた。この情報はすぐさまタミレ村の他の漁師に伝えられ、漁師たちは次々に東方の漁場を開拓していったという。現在では、タミレ村周辺沿岸部にある漁場のほかは東方の漁場が一般的に用いられるようになり、エンジンの導入以前には主な漁場であったペレン島北部や南東部へ出漁することはほとんどなくなった。

2-4　適漁期

　漁撈をおこなう際には、どの時期のどの時間帯に出漁するべきか、また反対に、ある時期や時間帯にはどの漁場に行くべきか、といったように、漁に適した時間を特定することが重要となる。調査の結果、適漁期を判断する要素として、季節区分、月齢と潮汐、1 日の時間区分という 3 つの区分があることがわかった。

季節区分

　タミレ村のサマ人漁師は、風位や風向に基づいて主に 4 つの季節区分を認識している。これらの季節区分は、およそ 2 年 1 周期として循環する（*putar*）と理解されている[*2]。現地調査をおこなった 2017 年を 1 年目、翌 2018 年を 2 年目として、図 2-25 には季節区分の模式図を示す。2 年 1 周期として循環するという認識に基づけば、奇数年は常に図 2-25 中の 1 年目のように、偶数年は同 2 年目のように季節が区分されることになる。

　季節区分として主に認識される 4 つの期間は、北風のウタラ季、南風のサラタン季、強風のバンガッ季、穏やかな風のパネッドー季である。

89

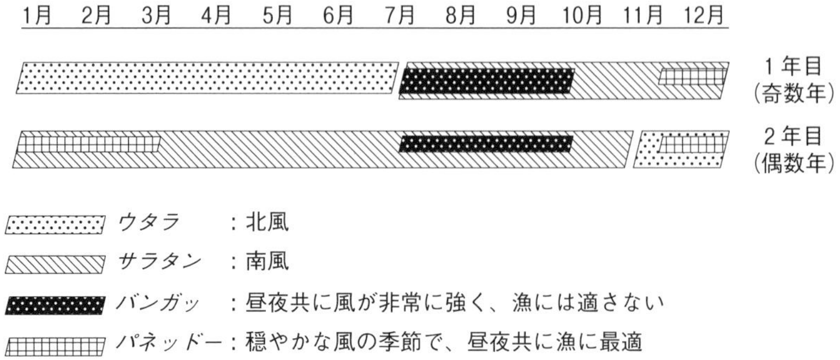

| | 1月 | 2月 | 3月 | 4月 | 5月 | 6月 | 7月 | 8月 | 9月 | 10月 | 11月 | 12月 |

1年目
（奇数年）

2年目
（偶数年）

ウタラ ：北風

サラタン ：南風

バンガッ ：昼夜共に風が非常に強く、漁には適さない

パネッドー：穏やかな風の季節で、昼夜共に漁に最適

現地調査をもとに筆者作成

図 2-25　タミレ村における季節区分

ウタラ　Utara

　ウタラはサマ語で「北」を意味し、北風が吹く季節である。ウタラ季は、パネッドー季に次いで漁に適しているとされる季節である。ただし、隔年制であるとされるため、ウタラ季がない年もある。この季節になると、パネッドー季と同様に、出漁可能な漁場の選択肢が多くなる。昼夜ともに漁に適しているが、そのなかでも昼はさらに適している。

サラタン　Salatan

　サラタン季は、サマ語で「南」を意味し、南風が強く吹く季節である。サラタン季の始まる時期は 6 月頃か 1 月頃の 2 種類が隔年制でおとずれる

＊2　バンガイ諸島は赤道直下に位置するため、赤道付近に特徴的な周期運動が発生し、季節区分の理解に影響を与えている可能性も否めない。しかし、バンガイ諸島周辺の風位・風向にかんする観測記録からこれを裏付けるには至っていない。バンガイ諸島の近接した複数のサマ人集落間でも季節区分が異なることから、これらはそのほかの生物とかかわる自然暦や、生業のサイクルとの連関のなかで理解されていると考えたほうがよいだろう［Nakano 2022］。また、漁師個人の漁法の違いによっても異なる可能性がある。実際にタミレ村内の漁師には、このような季節区分の循環を 2 年 1 周期として認識していない者も少なくない。ただし、ウタラ季などそれぞれの季節の区分や内容についてはほとんど一致しているようであった。

が、終わる時期は毎年11月頃である。例年9～11月頃は後述のバンガッ
Bangak になるが、これもサラタン季に含まれる。サラタン季の間には、
ティムール *Timur*（サマ語で「東」の意）、トゥンガラ *Tunggala*（サマ語で「南
東」の意）、バラッ *Barat*（サマ語で「西」の意）、そしてサラタンという異
なる風向が不規則に入り混じる。たとえばある日に南風サラタンが吹いた
としても、翌日にどの方角からの風が吹くのかは予想できない。サラタン
季は漁にさほど適した季節というわけではないが、夜であれば風がやや穏
やかになり、漁をすることができる。昼に漁をする場合は、近距離の範囲
に限定される。

バンガッ　*Bangak*

　バンガッ季は、サマ語で「(風が) 強い」を意味する季節である。サラ
タン季の期間に含まれるとされ、サラタン季の開始時期によらず、9～11
月にあたる。この時期は昼夜共に風が強く、漁には適していない。近場で
あれば漁をおこなうが、遠方へ行くことは難しい。

パネッドー　*Paneddoh*

　パネッドーは、サマ語で「(風が) 穏やか」を意味し、その名の通り穏
やかな風の季節である。毎年11～1月にかけて風が穏やかになり、昼夜共
に漁に最適であることから、漁に最適とされている。パネッドー季になる
と、漁師たちはこぞって出漁するが、これは魚種が豊富であるとか、魚が
多いといった理由ではなく、航海しやすい安定した風であることによる。
パネッドー季は、ウタラ季と併せて、遠方や西側へも出漁することができ
るとされる季節である。

タミレ村の歌にみるウタラ季とサラタン季

　4つの季節区分のうち、期間の長いウタラ季とサラタン季については、
タミレ村で伝承されている歌でもその様子が歌われている（表2-6）。
　ウタラ季は風が強く、岸辺では波がぶつかって荒れるため、沿岸から遠

表 2-6　タミレ村の景観についての歌

サマ語	和訳（筆者による）
madambila timurna patanaang Peling	ペレン島の東側
madiata boe mannanna kampohku	私の故郷は水の上
missah patanaanne mannang parumaang	家々に乾いた土地はない
lamu takatonangta irune kampohku	もしあなたが（こういう場所を）
	知っているのならば
	それこそが私の故郷
battuna Salatan（タミレ村）*dikamaseang*	*Salatan* のときタミレ（村）は穏やか
battuna Utara（タミレ村）*dipagegerang*	*Utara* のときタミレ（村）は騒がしい
coba coba pikirta ai sabana	考えてみて
	（私たちがここに住む）理由は何なのか
lamu takatonangta lingau tuntu'ta	もし知っているのなら私におしえて

出所：筆者の聞き取りによる
（サマ語の歌詞をタミレ村の元校長にインドネシア語訳してもらい、それを筆者が日本語に訳した）

くない旧集落の杭上集落では床の上にまで海水がくることがあった。しかし海へ出るとさほど荒れていないため、漁師にとっては良い時期である。表2-6の歌詞に「*Utara* のときタミレ（村）は騒がしい」とあるのは、旧集落から波の状態を見て歌っているためである。

　反対にサラタン季には、沿岸部では風が穏やかである一方、沖合は荒れている。表2-6の歌詞に「*Salatan* のときタミレ（村）は騒がしい」とあるのは、やはり旧集落から波の状態を見て歌っているためである。

季節区分と適漁期

　4つの季節区分は、同格として扱われるが、バンガッ季はあくまでサラタン季に含まれており、完全にサラタン季からバンガッ季に移行するわけではない。また、すべての季節区分は、必ずしも図のように特定の月に移

行するわけではなく、次の季節へ移る中間期のような時期があり、その長さは年によって異なる。既に次の季節に入ったのか、あとどのくらい経てば次の季節に入るのかということは、特に漁師間で話されることが多く、その判断基準は風位や風の強さである。

各季節において、出漁できる漁場と危険な漁場は日常的に意識されている。たとえば、漁場ラナ・マテオ *Lana mateo* は、タミレ村より東の漁場のなかでは最も遠く、漁場ラナ・トゴン・プティル *Lana Togong putil* は比較的近距離に位置する。バンガッ季やサラタン季には、漁場ラナ・マテオなど遠方の漁場へは出漁することは危険であり、ウタラ季やパネッドー季を待つ必要がある。特に強風のバンガッ季は出漁場所を限定するため、漁場ラナ・トゴン・プティルなどタミレ村から近い漁場に出漁者が集中することになる。

月齢と潮汐

タミレ村における月齢や潮汐のカレンダーは、在来の区分に基づいて認識されている。月の朔望周期が平均 29.53 日であることを反映して、1 周期は最長 30 日間で構成されており、さらに白分（新月から満月まで）と黒分（満月から新月まで）の 15 日間ずつに分かれている。在来月齢 1〜3 日目までは区別されず、それを過ぎるとたとえば *walu bangi*（サマ語で「8 歳」の意）というように月齢で呼び、インドネシア語と同じ *Bulan pernama*（満月）など以外には、サマ語の語彙による月の呼称はない。

在来月齢 8 日目〜12 日目と在来月齢 22 日目〜26 日目はコンダ *konda* と呼ばれ、落ち着いた潮の時期であり、漁に適しているとされる。サマ語で上げ潮はアバル・ンギリ *abal ngiri*、引き潮はアバル・ソロン *abal solong* であるが、潮汐の状態や期間についての特定の呼称は、コンダ期以外には確認されなかった。コンダ期間中は漁に適しているが、そのなかでも北風ウタラ季は昼が、南風サラタン季は夜が、より出漁に適している。ただしコンダ期に関わらず北風ウタラ季は全体的に昼が、南風サラタン季は全体的に夜が漁に適している。コンダ期の適漁時期と併せると、たとえば南風

サラタン季は、コンダ期の夜が最も適しており、次にコンダ期の昼、次に非コンダ期の夜、最後に非コンダ期の昼という順で、漁に適しているということになる。

2017年の8月17日から10月20日までの間に、聞き取り調査によって実際にその当日がコンダ期間中であると確認できたのは、2017年10月11日から16日までの6日間であった。ただし、インドネシア語による聞き取り調査の際、「コンダは何日間あるか?」という問いに対して、インドネシア語で「5日間（*lima hari*）」という回答が得られた。先述のように実際には6日間続いたことを考えると、コンダ期間の数えかたは5「日間」ではなく、5「晩」（ある日の夕方に月が出てから、5晩経ち6日目の夜明け前まで）である可能性が高い。

タミレ村における2017年10月の月齢および在来区分について表2-7に記した。ここでは、実際に漁師に尋ねて確認したコンダ期の期間をもとに、直前と直後の予想されるコンダ期の期間も記した。

表2-7より、実際に確認したコンダ期は、実際の月齢が20.9〜25.9の下弦の月の期間であり、少なくとも大潮の期間ではなく、潮の干満の差は小さい状態であったことがうかがえる。予想されるコンダ期についても同様のことがうかがえる。一方、コンダ期以外の期間は、潮の干満の差が大きい又は次第に大きくなっていく状態であることがうかがえる。したがって、タミレ村の漁師は30日周期の月齢を確認することで、在来区分コンダ期を知り、潮の干満の差が大きくない適漁期を知ることができるといえる。

漁師が月齢や潮汐を分類し、漁撈に利用していることはめずらしくない。サマの月齢や潮汐に対する認識については、特にスルー海域およびセレベス海域のサマ人についての研究が報告されている［長津1997］。

たとえばフィリピン・スルー諸島のあるサマ人集落は、浅く広大なサンゴ礁にあるが、このような海域では干満の潮汐の変動に応じた魚の移動が顕著であり、またその移動の場になるか否かはサンゴ礁内の微地形の差ではっきりしていることから、網入れの場が特定しやすい。そのため、サマ人の漁法をみると潮汐に対応する魚の移動習性に着目した漁がみられ、そ

第 2 章　バンガイ諸島サマ人の漁撈活動

表 2-7　タミレ村における月齢・潮汐の区分

2017 年 10 月	月齢	在来月齢	潮汐和名	在来区分
1 日	10.9	12	長潮	予想されるコンダ期
2 日	11.9	13	若潮	−
3 日	12.9	14	中潮	−
4 日	13.9	15	中潮	−
5 日	14.9	16	大潮	−
6 日	15.9	17	大潮	−
7 日	16.9	18	大潮	−
8 日	17.9	19	大潮	−
9 日	18.9	20	中潮	−
10 日	19.9	21	中潮	−
11 日	20.9	22	中潮	実際に確認したコンダ期
12 日	21.9	23	中潮	同上
13 日	22.9	24	小潮	同上
14 日	23.9	25	小潮	同上
15 日	24.9	26	小潮	同上
16 日	25.9	27	長潮	同上
17 日	26.9	28	若潮	−
18 日	27.9	29	中潮	−
19 日	28.9	30	若潮	−
20 日	0.4	−	大潮	−
21 日	1.4	−	大潮	−
22 日	2.4	−	大潮	−
23 日	3.4	4	中潮	−
24 日	4.4	5	中潮	−
25 日	5.4	6	中潮	−
26 日	6.4	7	中潮	−
27 日	7.4	8	小潮	予想されるコンダ期

95

28日	8.4	9	小潮	同上
29日	9.4	10	小潮	同上
30日	10.4	11	長潮	同上
31日	11.4	12	若潮	同上

「こよみの計算」(国立天文台暦計算室)(https://eco.mtk.nao.ac.jp/cgi-bin/koyomi/koyomix.cgi)
をもとに筆者作成

のほかの漁法でも微細な潮汐の差が関係する［長津1997］。

　またマレーシア・センポルナ郡で発達したサンゴ礁を有する離島域では、サマ人が風の方向や強弱によって季節や時期を、また月齢や潮汐の状況を細かく分類し、認識することがわかっている。このことは間接的に、かれらの漁撈活動が風による季節性、月の満ち欠けやこれに連動する潮汐運動によってある程度の制約を受けながらおこなわれてきたことを示している［小野2011］。

　これらの報告と比べると、タミレ村のサマ人が認識する月齢や潮汐は、それほど詳細に区分されていない。この理由のひとつには、タミレ村の現集落周辺のサンゴ礁域が小規模であり、集落が外海とすぐ近くで面していることが考えられる。タミレ村は北にマルク海域、南にバンダ海域が広がるが、本章冒頭で述べたように、この海域における漁撈活動の特徴はスルー海域およびセレベス海域のそれとは異なる。セレベス海域は、その北部を形成するビサヤ海域とその東部を形成するマルク―バンダ海域の中間に位置し、特に海洋生態と海産資源の利用において生態文化的な遷移帯である。つまり、ビサヤ海域に特徴的なサンゴ礁域における多彩な漁法による沿岸性資源の利用から、マルク―バンダ海域に特徴的な外洋域における釣り漁による回遊性資源の利用への遷移である。前者に代表される海産資源利用は、セレベス海域においてはボルネオ島東岸からスルー諸島にかけて、後者はサンギ・タラウド諸島から北スラウェシにかけて確認されている［小野2011］。

　タミレ村のサマ人がタミレ村のサマ人が日常的に利用される漁場はすべて、マルク海域に含まれる。スルー海域やセレベス海域におけるサマ人の

漁撈についての研究と比べると、マルク海やバンダ海における研究はほとんどないといっていい。タミレ村のサマ人の漁撈活動は決してサンゴ礁域に依存したものではなく、次章で記述するラナ型漁場のように、外海などで釣り漁がおこなわれることも多い。したがって、従来議論されてきたスルー海域およびセレベス海域のサマによる自然環境の認識と、タミレ村のサマ人によるそれは異なると考えられる。

　タミレ村のサマ人の持つ月齢や潮汐に対する知識が、スルー諸島やセンポルナ離島域のサマ人の知識と比べると多くない理由として、たとえば潮汐を利用して環礁の水路を沿岸性の魚が移動する時間帯を特定する必要性がないことが可能性として挙げられる。なお、オセアニアでは月齢は潮汐と関係するだけでなく、魚の産卵行動を読むために参照されるという研究もあるが［秋道 1995］、タミレ村のサマ人は他の地域のサマ人と同様に、潮汐を読むためにのみ月齢を用いている。

　このほか、月にかかわる知識としては、月の周囲に青色（*nyulloh*）のパヨー *payoh*（サマ語で「傘」の意）とよばれる光があると、トトゥルガ *teturuga*（ウミガメ科の一種）が多く出現するというものがある。また 4〜7 月にパヨーが白色（*pote*）で大きいのは雨が降る予兆である。およそ雨季にあたる 8〜3 月にパヨーが白色ではないが大きいと、雨が降らず暑くなる予兆である。

1 日の区分

　つづいて、タミレ村における 1 日の時間区分についての語彙を図 2-26 に記した。

　日の出から日没まではすべてッラウ *llau* とされ、正午はロホール *lohor*、日没から 0 時頃まではサンガン *sangang* となる。明け方の出漁時間帯に目視されることの多いという星に、金星にあたるッマウ・ッラウ *mmau llau* がある（第 5 章）。タミレ村のサマ人はこれをインドネシア語でビンタン・シアン *bintang siang* と表現し、直訳すると「昼の星」となる。これは、サマ語の「ッラウ」がインドネシア語とは異なり、昼間帯（シアン）だけ

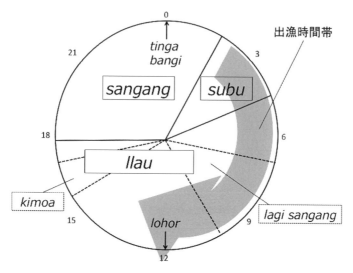

現地調査をもとに筆者作成
図2-26　タミレ村における1日の時間区分

でなく日の出から日没までを含むことによる。そのため、実際には金星ッマウ・ッラウを昼間帯（シアン）に視認することはできない。

ッラウのうち、AM7:00頃からAM10:00頃まではラギ・サンガン *lagi sangang* とされる。また、0時頃はティンガ・バンギ *tinga bangi* と呼ばれる。サマ語で *tinga* は「中間」、*bangi* は、先述したように月齢を数える際の「第〜日」や「歳」にあたり、直訳すると0時が1日の中間地点であるようにも受けとれる。その場合、サマ語の語彙においては1日の始まりや終わりが0時ではないとされている可能性もあるが、詳細については確認できなかった。その他、PM16:00〜17:00頃はキモア *kimoa* と呼ばれる。AM2:00〜4:30頃はスブ *subu* とされるが、これはインドネシア語の語彙でも同様である。

タミレ村では、少なくとも2000年頃までは電気や時計が普及しておらず、時刻は太陽の高さや影の伸びる方向、長さなどによって把握されていた。2000年に地震が発生して旧集落から現集落へ移転した後、電気が開

通し、時計が普及した。しかし、腕時計は高価であることや、海での仕事には適さないことから、現在でも漁師らは時計などを所有せず、特に海上では太陽や影を視認することで時刻を把握することが多い。

かれらはこのような時間区分を季節区分や月齢・潮汐の区分と照らし合わせ、どの季節、どの月齢・潮汐の期間の、どの時間帯が漁に適しているのかを総合的に判断して適漁期を特定している。

2-5 ナヴィゲーション

2-5-1 ヤマアテ／ヤマタテ

海上移動において、漁場や自船の位置を特定する技術のひとつに、ヤマアテあるいはヤマタテと呼ばれるものがある。ヤマアテとは、陸地や島の一部分をいくつか目標点（擬視点）としてあらかじめ設定しておき、これらの見かけの相互関係により、海上で自己の位置を確認し、あるいは海上の一点を記憶し探り出す技術［五十嵐 2017（1977）: 139］で、海上移動をおこなう世界各地の海洋民などにみられる。

タミレ村のヤマアテ手法は、主に目標点の利用方法によって、以下の4種類に分類することができる。

一直線法

一直線法は、後方の目標物を、手前（前方）の目標物と一直線上に重ね合わせる方法である。サマ語では「重ねる」ことをシラパン *silapang* と表現するが、方法自体に対応する名称があるわけではない。一直線法は、五十嵐［2017（1977）: 150-152］のいう「一方アテ」に該当する。

重ね合わせる地点は、目標物そのものや、その頂点、端部などである。図 2-27 には、一直線法の原理を示す。たとえば到達すべきポイントを地点（B）として、地点（A）や地点（C）に自船があるとき、そこから前

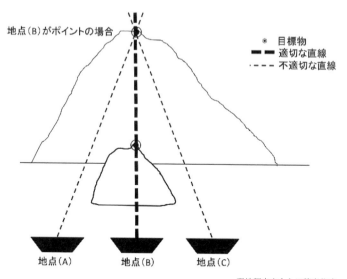

現地調査をもとに筆者作成
図 2-27　一直線法を利用する方法の概略図

方と後方の目標物を視ると、これらは一直線上に位置しない。したがって、自船は地点（B）にまだ着いていないか、あるいはすでに通りすぎていることになる。前方・後方の目標物が一直線上にある地点（B）に到達したあと、さらにこの直線の垂直方向のどこに漁場があるかを特定しなければならない。そのために、後方の目標物が前方の目標物に対してどれくらい上にせりあがって視えるかを手がかりとするか、または後述する別の位置特定方法を用いて精度を高めることが必要となる。

　タミレ村のサマ人漁師が出漁する海域は、陸地や小さな島々の遠景が全く見えなくなることはほとんどなく、多くの場合は目標物として利用できる陸地景がある(写真 2-10)。後方の目標物には、レッゲ・トッル *Regge tellu* 山やブッル・ガラ *Bullu gala* 山のほか、島や岬、海食柱のような離れ岩など、多様な景観が利用される。

第 2 章　バンガイ諸島サマ人の漁撈活動

写真 2-10　バンガイ島西部の B 村から A 村方面への眺望
(2017 年 9 月 13 日筆者撮影)

二直線法

　二直線法は、2 方向以上の目標物を設定し、すべての目標物からの一直線が交差する地点に自船があるように移動する方法である。この方法は、五十嵐［2017（1977）: 142-150］のいう「二方アテ」に該当する。
　二直線法の原理を図 2-28 に示す。たとえば到達すべきポイントを地点（B）として、地点（A）や地点（C）に自船があり、目印とすべき 2 つ以上の目標物が視えるとする。このとき、2 つ以上の目標物から自船までの各直線の成す角度が開きすぎていたり、閉じすぎていたりすると、到達すべき地点（B）に自船がないことがわかる。各直線の成す角度がおよそ直角、または適切な角度であるとき、地点（B）に自船があることを示す。この角度についての説明は、両腕を真横と真正面で直角に広げるか、写真 2-11 のように直角の図を描くことでなされる。

101

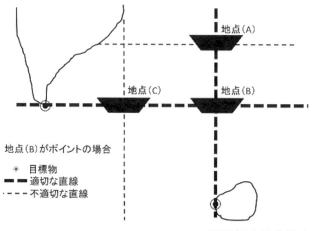

図 2-28　二直線法を利用する方法の概略図

写真 2-11　漁師 F による二直線法の模式図

(2017 年 10 月 10 日筆者撮影)

第2章　バンガイ諸島サマ人の漁撈活動

目標物は少なくともそれぞれ1つ、最低2つの目標物を定めればよく、3つ以上あればさらに正確性が高まるとされる。

前方・後方の目標物が一直線上にある地点（B）に到達したあと、より正確に漁場の位置を特定するために、後述する別の位置特定方法を用いる。

目標物には、一直線法と同様に、山や島、離れ岩、岬などが利用される。二直線法を利用して位置特定をおこなう場合、他の2種類のヤマアテと比べると正確に漁場の位置にたどりつくことができるが、さらに精度を高めるため、海底を視認したり、釣り糸を垂らして水深を測ったり、船底や櫂に耳をあてて砂の音を聴いたりすることが一般的である。

連続法

連続法は、バンガイ島など比較的大きな島沿いを移動するときによく利用される方法で、沿岸部に連続する複数の目標物を視て移動するものである。最も代表的な目標物は岬だが、離れ岩や湾、集落などが利用されることもある。

連続法の原理を図2-29に示す。たとえば、島沿いのある方向（図2-29中の地点（A））から進行するとき、目標物（A）（図2-29中×印）のみが視えていると、これはまだ地点（B）に自船が着いておらず、さらに進行する必要があることを示す。目標物（A）を視界にいれながら進行を続け、目標物（B）（図2-29中●印）が最初に視えたとき、自船は地点（B）に到達したことを示す。目標物（A）、目標物（B）に加えて、目標物（C）（図2-29中△印）も視えるとき、これは地点（B）を通過して進行しすぎたことを意味する。

連続法では、図2-29のようにひとつづきの目標物をある方向から順番に視認する方法だけではなく、たとえば目標物（A）と目標物（B）が視える地点から進行して、2つの目標物の間に最初に隙間ができたとき、目的の地点に到達したとする方法もある。

いずれにせよ、連続法では前後の目標物の連続的な位置関係の認識が重要である。つまり連続法を用いるためには、目標物（B）とその前後の目

103

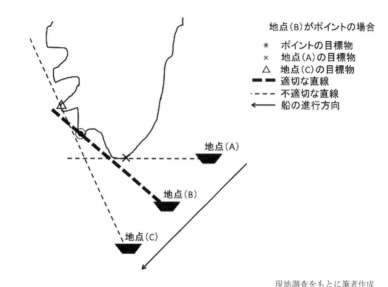

現地調査をもとに筆者作成
図 2-29　連続法の概略図

標物を含め、多数の目標物を連続的に記憶していなければならない。

　ただし連続法のみを用いると、目標物（B）（図 2-29 中●印）から自船までの距離を測ることはできないため、別の位置特定方法も用いる。

その他

　2つ以上の目標物を用いるこれまで3つの方法以外に、単に一帯の景観を視て漁場の位置を特定する例が、少なくとも1例確認された。この方法は五十嵐が「ツブアテ」としているもので、「目標物を重ね合わせるなどの操作は行わず、「…」の形状とそれから受ける距離感覚とにより自己の位置を見当づける方法であって、海上の一点を比較的正確に求めることのできる二方アテ、一方アテとは原理的に異なる」［五十嵐 2017（1977）: 152-154］ものである。

　この方法そのものや用いられる目標物に対する特定のサマ語は確認されなかった。タミレ村のサマ人がこの方法について説明するときは、たとえ

ば「この漁場に着くと、この島が南に視える。着けば（視れば）わかる」などの表現がなされる。

2-5-2　スター・ナヴィゲーション

　夜間に海上を移動する際には、天体を視認することで方角を知ることができる。このような位置特定技術はスター・ナヴィゲーション、またはオセアニア航法ともよばれる。

　まず、タミレ村のサマ人漁師の認識する方角として、東西南北に北西と南東を加えた6つの語彙が確認された。このほかの語彙、たとえば北東や南西にあたる名称は、サマ語もインドネシア語も認識されていない。

　サマ人漁師らが参照する天体は、恒星だけでなく惑星や星座、銀河を含み、少なくとも14種類が確認された（表2-8）。各天体のサマ語名や由来については第5章に詳述し、本項ではその自然科学的な特徴と利用方法を記す。このうち6つの恒星(ッマウ・ティムール *Mmau Timur*、ッマウ・バラッ *Mmau Barat*、ッマウ・ウタラ *Mmau Utara*、ッマウ・サラタン *Mmau Salatan*、ッマウ・トゥンガラ *Mmau Tunggara*、ッマウ・バレバ *Mmau Baleba*) は、図2-30に示した6つの方角のそれぞれに対応する恒星である。

　オセアニア海域にみられるスター・ナヴィゲーションの技術は、膨大な数の天体やその方角、運行を把握し、伝承することで広大な海の航海を可能にさせてきたことが知られている。たとえばミクロネシアでは、円周上に15の星や星座の出没する32方位を等間隔に配した在来の星座コンパス（sidereal compass）が体系化されている。航海者はさらに各方位間を2分割ないし4分割することがあり、理論的には128方位を識別してきたともいわれるが［秋道1981；1995：43-45］、これは島影などの目印の少ない海域を遠洋航海するために必要な知識・技術であった。他方、すでに述べた通り、タミレ村の周辺には島影が多い。目印のないまま遠洋航海する必要もないとすれば、それほど多くの方位を識別する必要はない。東西南北に南東と北西を加えた6方位に対応する各恒星について、その方位間をミクロネシアと同様に2等分ないし4等分して識別できるとすれば、理論上は12

表 2-8　タミレ村の漁撈活動で利用されることのある天体

サマ語名	和名、通称名	学名（IAU方式）
Mmau Timur	オリオン座β星（リゲル）	β Orionis
Mmau Barat	不明	不明
Mmau Utara	不明	不明
Mmau Salatan	不明	不明
Mmau Tunggara	りゅうこつ座α星（カノープス）	α Carinae
Mmau Baleba	不明	不明
Mmau layah（1）	とびうお座γ星ほか	γ Volans ほか
Mmau layah（2）	不明	不明
Mmau pitu / pupuru	スバル（プレアデス星団）	Pleiades
Tanda tellu	オリオン座三つ星（ミンタカ、アルニラム、アルニタク）	δ, ε, ζ Orionis
Niyor（現）	おうし座α星（アルデバラン）	α Tauri
Niyor（旧）	シリウス	Sirius
Mmau llau	金星	Venus
Mmau Naga	天の川	Milky Way

現地調査をもとに Stellarium0.21.1 を用いて筆者作成

方位ないし24方位は特定できると考えられる。

　方角に対応した恒星のほかには、識別しやすい特徴をもつ天体が目標物となる。これにはッマウ・ピトゥ *Mmau pitu* ／ププル *pupuru* やッマウ・ナガ *Mmau Naga* など恒星の集まりや、タンダ・トゥッル *Tanda tellu* やニョール *Niyor* のように配置や光が特徴的なもの、ッマウ・ッラウ *Mmau llau* のように出現時間や光が特徴的なものがある。

　恒星ニョールが指す星については、解釈が転じた経緯がある。元々、ニョールはおうし座α星（アルデバラン）であったが、これが移動したという伝説がある。移動したニョールはシリウスであると考えられる。ところがその後、タミレ村のサマ人の間でこれはあくまで物語であって、実際に

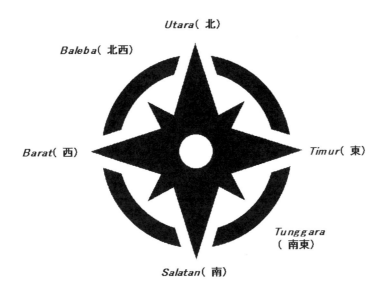

現地調査をもとに筆者作成
図2-30 タミレ村のサマ人漁師の認識する6つの方角

は移動していないのだということになった。つまり、やはりニヨールはシリウスでなくアルデバランであるという解釈になったのだという。表2-8では現在の解釈に従い、シリウスは「*Niyor*(旧)」、アルデバランを「*Niyor*(現)」と表記している。

　これらはサマ人漁師に広く共有される天体であるが、各人が定めて目標物とする天体もある。ッマウ・ラヤー *Mmau layah*(帆の星)とよばれるこの天体は、一般に4方位に位置する4つの天体から成り、帆に見立てられる。4つの天体としてどの星を認識するかは各人に委ねられており、同じ天体を認識していることもあれば、全く異なるものである場合もある。また、ッマウ・ラヤーを恒星する星々の各名称は定まっておらず、「形は知っているし、見れば分かるが、その天体に名前はない」とされる。

　いずれの天体も、海上のナヴィゲーションで利用される場合には、夜間におおよその方角を把握するために用いられる。バンガイ諸島域よりも遠

方へ出漁するなど比較的長期に渡る海上移動を経験した漁師の場合には、これらの天体を特定の目的地と対応させて言及することが多い。たとえば「南東スラウェシ州のクンダリへ行くには南の星ッマウ・サラタン」を、「北マルク州のリンボ島に行くには東の星ッマウ・ティムル」を目標物とする、といったような説明がなされる。ただし、天体は周期的に運行するものであるため、実際には移動する季節や時刻によって使い分けられていると考えられる。

2-5-3 ナチュラル・ナヴィゲーション

　これまで述べたヤマアテやスター・ナヴィゲーションはタミレ村のサマ人漁師が海上移動に用いる位置特定技術（ナヴィゲーション）の主要なものであるが、このほかにも、海底の微地形や生物を目印として漁場などの位置を特定する方法がある。目印となる海底微地形や生物の方名は、漁場の名前に反映されることもある（第5章）。本項では特に、目標物としての鳥類と海底微地形について記す。

　目標物として言及される鳥類には、カツオドリ科（Sulidae）とアナツバメ科（Apodidae）がある。鳥類のなかには魚群を狙ってその上空に集まる習性をもつ種がいる。このように海水面付近に鳥類が集まっている状態は、日本では鳥山と呼ばれ、漁師らはこれを見て魚群の位置を知ることもあった。カツオドリ科の鳥類もそのひとつで、和名の通りカツオなどの魚類に追われて表層を泳ぐ小型魚類の群れを狙い、その上空に集まる習性がある。タミレ村のサマ人漁師も、これを補助的な手がかりとして漁場を知ることがある。漁師らが出漁中に鳥山のみを目標物として漁をおこなった例は、調査期間中には確認されなかった。クル *kullu* とよばれるカツオドリ科の鳥類には、白い羽毛をもつテラル・クル *telar kullu* と、黒い羽毛をもつラロ *lalo*（写真2-12）の2種がある。

　漁師Aと元漁師オチェがタミレ村で初めてエンジンを積載して出漁し、漁場「遠いラナ」を発見したときにも、手がかりとなったのはカツオドリ科の鳥類クルであったという。その経緯は次の通りである。かれらがす

第 2 章　バンガイ諸島サマ人の漁撈活動

写真 2-12　漁師によって偶然捕獲された鳥ラロ
(2017 年 9 月 15 日筆者撮影)

でに発見されていた漁場に到達したところ、その西側のある地点の上空で、クッルが集まって飛んでいるのを見つけた。クッルの習性を知っていた彼らは、その下に必ずよい漁場があるはずだと思い、クッルの群れのもとに向かい、漁をおこなってみるとたくさんの漁獲が得られた。そこでここを新たな漁場として命名し、タミレ村の漁師らに伝えのである。つづいて、アナツバメ科の鳥類はカロエ karoe とよばれる。アナツバメ科の鳥類は海岸の洞窟に巣を作る習性があることから、特定の海岸部の周辺でみることができる。そのため、タミレ村では特定の岬の名称にこの鳥の名前が反映されている。

　これまで述べたような技術を用いておおよそ漁場に到着したとき、さら

109

に漁場の位置を絞って特定するために、漁師らは海中・海底の様子を探る。

これらは、天体の配置や運行を利用したスター・ナヴィゲーションや、陸地景観を利用した沿岸航法とは異なり、周辺環境のあらゆる事物を手がかりとするようなナチュラル・ナヴィゲーションの一種である。また、遠洋航海術や沿岸航法は、基本的にはすでに想定された目的地へ向かうための技術である。ナチュラル・ナヴィゲーションはそのほかにも、カロエの例にみられるように、偶発的な出来事に際して、あるいは明確な目的地のない探索においても用いられる。漁場周辺の海底が視認できる場合には、サンゴや岩礁などの生物・自然物を含めて海底の微地形を視る。それぞれの漁場がどのような海底であるかを漁師らは把握しており、たとえば砂ばかりで岩礁がないとか、特徴的な形状の岩があるとか、特定の種類のサンゴ礁や海藻があるといったことが見定められる。

2-5-4 位置特定技術のパターン

タミレ村の漁撈活動のスケジュールでは一般的に、深夜2〜3時頃に出漁し、朝6〜7時頃に漁場に到着する。漁場を変更したり、漁獲によっては早々に切り上げたりすることもあるが、およそ数時間漁をおこない、昼頃に帰漁する。そのため、出漁時刻ではまだ暗く、前述のヤマアテ方法をおこなうことはできない。夜間に海上を移動する際にまず利用されるのは、天体や島影である。曇っていて天体がよく見えない場合には、風向から方角を知ることもある。夜明けが近づくと、徐々に山や島、岬などの陸地景が現れ、ヤマアテをおこなうことができるようになる。4種類のヤマアテのうち1つあるいは複数用いておおよその目標地点まで到達すると、海底の目標物を視たり、釣り糸を垂らして水深を測ったりして、漁場の位置をより正確に特定していく。図2-31には、タミレ村における位置特定方法の選択パターンを示す。

図2-31に示すように、タミレ村の漁師の出漁時の位置特定方法の選択パターンは1つではない。また、それぞれは順番におこなわれることもあれば同時並行的におこなわれることもある。具体的には確認できてはいな

110

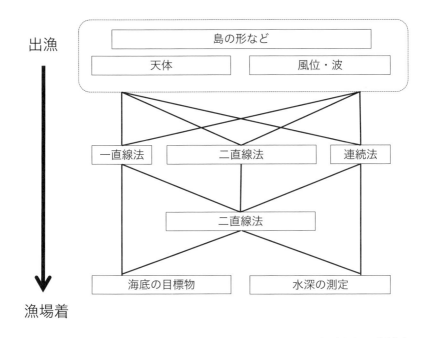

現地調査をもとに筆者作成
図 2-31　出漁から漁場到達までの位置特定方法の選択パターン

いが、天候や潮の状態などによって臨機応変に選択をおこなう可能性もある。

　例として、タミレ村の北東の漁場パジャレコ Pajaleko と漁場ンボ・ニポン Mbo Nipong と、ヤマアテの際に用いられる主な目標物を図 2-32 に示した。

　漁場パジャレコに行く際は、まずタミレ村を出発したあと、ペレン島沿いに北上しながら、ロピト Lopito という沿岸の村を目視して東へ方向転換する。次に、二直線法を用いるために、ロピト村アササル島の大きな岬ブリ・アササル Buli Asasal と、離れ岩トゥコー・マバサル Tukoh mabasar、バンガイ島のブッル・ガラ山を目標物として、各方向から自船までの直線が適切な角度で交差する地点へ移動する。2 つの漁場は同じ島棚の上にあ

図 2-32　漁場パジャレコと漁場ンボ・ニポンで利用されるヤマアテ図

り、これが外海へ下る外縁部にそれぞれ位置するという。そこで漁場の位置をさらに正確に絞りこむため、釣り糸を垂らして水深を測り、外縁部を探ることで到達する。

小括

　本章では、バンガイ諸島タミレ村のサマ人による漁撈活動について概況してきた。一部の例を除き、サマ人の漁撈活動が主にサンゴ礁域でおこなわれる［小野 2011］ことをふまえると、タミレ村における漁撈活動は、以下の3点によって特徴づけられる。

第2章 バンガイ諸島サマ人の漁撈活動

　第一に、浅海〜外海にかけての沿岸域おける釣り漁の実践である。サマ人漁師が外洋域を利用する例として、釣り針を利用するサメ漁や鉈漁、サバ科魚類の巻き網漁等［長津 1995；Stacey 2007；小野 2011］がこれまでも報告された。ただし、これらは、漁撈活動全体の中ではあまり発達していないか、近年は活動を制限されている事例であった。しかしタミレ村においては、もともとサンゴ礁域がそれほど大規模ではなかったこともあり、現在でもサンゴ礁漁撈のみには依存せず、沿岸〜外洋域を利用した漁法が複数おこなわれている。なかでも釣り漁は今日もっとも一般的な漁法であり、外海での回遊性資源も対象となる。

　第二に、海上景観の閉鎖性がある。タミレ村のサマ人漁師が漁撈活動をおこなう場所は、漁師らが島影や陸地をほぼ確実に視認することのできる景観である。言いかえれば、漁師らは常に何らかの複数の目標物に囲まれた状態にある。これは、少しく沖へ漕ぎ出せば、360 度地平線が広がり、容易に島影を失い、自分がどこにいるのかもわからなくなるような開放的な景観とは異なる。このような海上景観の開放性／閉鎖性について、灰谷［2009、2011］は漁場空間に対して適用したが、これは漁場に限らず、そこに到達するまでの海上景観すべてに対しても適用できる。

　第三に、位置特定技術の多角性である。漁師が自船や漁場の位置を特定しようとするとき、上述したような開放系景観である場合には、視認できる目標物としては天体が唯一のものであるため、スター・ナヴィゲーションのような技術が発達する。また、海底を視認できるようなサンゴ礁域では、ヤマアテ／ヤマタテのような技術をそこまで発達させる必要がなく、海底の目標物を見分けることのほうが重要である。これらに対し、タミレ村の漁撈活動の場合には、スター・ナヴィゲーションやヤマアテ、海底の視認など、いずれかの技術のみでは自船や漁場の位置を特定することができない。そのため、時間帯や季節、天候に併せて、適切な複数の技術を組み合わせることが必要なのである。

　これらの特徴からは、タミレ村のサマ人の漁撈活動は、多数の目標物がほぼ常に視認できる景観で実践されるものであり、かつ漁場の位置を特定

113

するためにそれぞれに適切な必要な目標物を見分け、利用することが必要であると指摘できる。このとき漁師らがどのように海の空間を認識しているのか、次の第3章で論ずる。

引用文献

赤嶺淳「ダイナマイト漁の構図――ダイナマイト漁民とわたしたちの関係性」名古屋市立大学現代GP実行委員会編『環境問題への多面的アプローチ――持続可能な社会の実現に向けて』41-54. KTC中央出版. 2008.

秋道智彌「Satawal島における伝統的航海術――その基本的知識の記述と分析」『国立民族学博物館研究報告』5（3）: 617-641. 1981.

―――『海洋民民族学――海のナチュラリストたち』東京大学出版会. 1995.

五十嵐忠孝「トカラ列島漁民の"ヤマアテ"――伝統的における位置測定」人類学講座編集委員会編『人類学講座　第12巻　生態』（新装版）139-161. 雄山閣. 2017（1977）.

小野林太郎『海域世界の地域研究――海民と漁撈の民族考古学』京都大学学術出版会. 2011.

長津一史「フィリピン・サマの漁撈活動の実態と環境観――民俗環境論的視点から」京都大学人間・環境学研究科文化・地域環境学専攻修士学位申請論文. 1995.

―――「海の民サマ人の生活と空間認識――サンゴ礁空間 t'bba の位置づけを中心にして」『東南アジア研究』35（2）: 261-300. 1997.

灰谷謙二「出雲地方の漁業集落の風位語彙と漁場確定語彙――出雲市伊津町方言からみる開放系漁場の特徴」『尾道大学日本文学論叢』5: 21-35. 2009.

―――「漁場の地理的環境と漁場特定語彙」『尾道大学日本文学論叢』7: 15-25. 2011.

門田修『漂海――月とナマコと珊瑚礁』河出書房新社. 1997（1986）.

Goedhart, O. H. Drie Landschappen in Celebes. *Tijdschrift voor Indische Taal-, Land-en Volkenkunde*, 50. 1908. 442-48. 1908.

Nakano, Makibi. A Study of Classification of the Seasons by Sama-Bajau Fishermen: From Four Cases in the Banggai Islands, Indonesia, *Research Papers of the Anthropological Institute*, 11: 46-61. 2022.

Nimmo, Harry. Arlo. Reflections on Bajau History. *Philippine Studies*. 16（1）: 32-59. 1968.

―――. The Boats of the Tawi-Tawi Bajau, Sulu Archipelago. *Asian Perspectives* 29（1）: 51-88.1990.

Sather, Clifford. *The Bajau Laut: Adaptation, History and Fate in a Maritime Fishing Society of South-eastern Sabah*. New York. University Press. 1997.

Sopher, David Edward. *The sea nomads: a study of the maritime boat people of Southeast*

第 2 章　バンガイ諸島サマ人の漁撈活動

Asia. National Museum of Singapore. 1977〔1965〕.

Stacy, Natasha. *Boats to Burn : Bajo Fishing Activity in the Australian Fishing Zone*, Canberra : The Australian National University Press. 2007.

第3章

海の民俗分類と空間的配置
——手釣り漁師の空間認識

　湾口の沖合にあったタミレ村の旧集落跡を見たいと、元漁師オチェに頼んで船で訪れたときのことだ。そのあたりは、足がギリギリ海底につく程度の深さの海だった。底まで見通せるほど透き通り、サンゴの砂礫のような白い砂が足の指を掠めていた。どこまで続くのだろうと立ち泳ぎをしていると、急に足元からふっと砂の感覚がなくなって、つま先が宙をかいた。驚いて下をみると、海面がゆらゆらと波打ち、透き通っていたはずの海は青い鏡面のように光をはねかえしていた。目を凝らすと、波の向こうの遠い海底に大きな岩がゴロゴロと転がっているのがみえた。「そこから先はもっと深くなるぞ」と、海面に首だけ出したオチェが声をあげた。慌てて引き返すと、すぐにまた白い砂のあるエメラルド色の海に戻った。

　杭上集落で暮らしていると、海が身近であることに慣れきってしまう。幼い子どもが裸で海に飛び込み、そのへんを好き勝手に舟で漕ぎまわる様子も見慣れたものだ。そのせいでつい忘れてしまいそうになるが、海はとても広い。どの海でも心地よい生活の場となるわけではない。同様に、ど

第3章　海の民俗分類と空間的配置

写真 3-1　旧集落跡で船を係留するオチェ
（2017 年 9 月 11 日筆者撮影）

　の海でも魚をたくさん釣れるわけではない。オチェはいつも、白い砂の透明な海から先へ泳いではいかなかったし、漁船は遠くの濃い藍色の海のあたりにだけ何隻も集まっていた。ゆりかごのように安心して身体を委ねられる穏やかな浅海に隣り合うようにして、目の前には足のすくむような深い外海が広がっていることを知った。

　大小の多数の島々から成るバンガイ諸島は、岩や島などの陸地景観が際立つ。周囲には常に目標物になりそうな何らかの自然物がある。実際、漁撈のための航行中どれだけ沿岸から離れたとしても、少なくとも 1 つの目標物は視えている。これが水平線に没することがないわけではないが、わずかな時間だけである。このように、バンガイ諸島の漁場やそこに到達するための移動中の景観は、目標物によって閉じられつつも外海へとひらかれた、半閉鎖性外洋域ともいうべき特徴がある（第 2 章）。

しかし、かれらがみている景観は海上（陸地）の岩や島ばかりではない。むしろ遠くの島ばかり眺めていては、素人の私が見落としたように、足元の「底まで見通せる」「サンゴの砂礫のような白い砂」の海から「遠い海底に大きな岩がゴロゴロと転がっている」海に入ってしまったことにすら気づけない。

　かつて巨大な杭上家屋群が立ち並んでいた旧集落の跡地は、浅海と外海の境界にあたる湾口部の浅瀬にある。大地震被災後から 17 年が経ったが、海面に露出した浅瀬には、コンクリート製の校舎の基礎や、倒壊したモスクが瓦礫ごと残されていた。このような空間は、そもそも陸に含まれるのだろうか、それとも海なのだろうか。

　浅瀬のすぐ横の岩場では、バケツとトングを持った女性がウニや貝類を拾っていた。潮が満ちてくるとこの岩場は水没してしまうため、引き潮の時間帯に合わせて採集するのだという。写真を撮ったり岩場を歩いたりしているうちに、先ほどまで海面に露出していた白い砂地がいつの間にかなくなっていた。そこから少し離れたところを、村人たちの漁船が往来していた。遠くには、活魚の蓄養用と思われる生簀つきの杭上家屋が孤島のごとくぽつんぽつんと数軒立っていた。この小さな湾のなかの空間でさえ、海の底質や深さには違いがあり、潮の満ち引きと共にその面積は変化し、露出したり水没したりする。サマ人たちは、その微細な変化や範囲をよくわかっているようで、それぞれを区別して名前をつけていた。そして、ある空間には杭上家屋を建て、ある空間ではウニや貝類を採集するといったように、それぞれの空間の地理的・生態学的特徴に合った利用の仕方をしてきた。

　ある空間をどのように区別するか、またこれらに対して人々がどのように地名を付しているか、という空間分類（space classification）の問題は、人類学や地理学、民俗学などの分野で注目されてきた。特に、空間構成に対する民俗語彙や民俗分類には、人々の内面的な環境観があらわれやすい。海の空間分類の例としてよく知られたものに、奄美・沖縄におけるサンゴ礁の空間分類が挙げられる［渡久地 2017；高橋 2018］。素潜り漁師たちが、

第 3 章　海の民俗分類と空間的配置

写真 3-2　ウニや貝類を採集する女性
(2017 年 9 月 11 日筆者撮影)

浅いサンゴの海でも航行可能な水路を把握して、海底の微細な形や窪みを見分けているという知識の深さには目を見張るものがある。

　先行研究において指摘されてきたように、サマ人は多くの場合、水深 10 m 以浅のサンゴ礁域で沿岸性漁撈をおこなう。そのため、適した漁場の位置情報を特定・共有する必要がないことや、海の空間を全面的に記憶していることが特徴づけられる［長津 1997］。したがって、奄美・沖縄のように豊かなサンゴ礁の海と同様に、やはりサンゴ群やわずかな窪みのような特徴を読み取ることが、海の空間認識の重要な部分を占めている。タミレ村の旧集落も、サンゴ礁がほとんど残っていないとはいえ、注意深く底質や水深を確認すれば、確かに一定の特徴をもつ空間として見分けられる部分もある。

　しかし、漁師たちが往来している外海はどうだろうか。こちらからすれ

119

ばどこも変わらない外海のようにみえるが、ときおりなぜか数隻の船がひとところに集まって釣り糸を垂らしているようすを見かける。その横を船で通ってみても、海面は濃い藍色がぬめぬめと揺れるばかりで、深そうだということはわかるが底質も何もわからない。漁師たちにどこに出漁していたのか、どこに出漁した経験があるのかと尋ねてみると、少なくとも約30ヶ所は特定の漁場があることがわかった（第2章）。今日はあの漁場は釣れないとか、新しい漁場を発見したとか、漁場についての情報も日常的に共有される。

　バンガイ諸島のサマ人漁師たちが移動したり、漁撈をおこなったりする海は、必ずしも海底を見通せるような浅い海ばかりではない。かれらはいったい、海をどのように分類しているのだろうか。そこには、海の空間認識におけるどのような特徴がみられるのだろうか。

　本章では、サマ人漁師たちによる海の空間認識について、2つの側面から考察する。まず、海の空間についての語彙やそれぞれの意味範囲の分析から、民俗分類の側面に迫る。つづいて3つの描画資料にみるこれらの名称の分析を通して、空間的配置の側面に迫る。最後に、第2章で述べたサマ人漁師の海上移動やナヴィゲーションの特徴をふまえ、海の空間認識の全体像を論じる。

3-1　海の空間分類

3-1-1　海底微地形

　現在のタミレ村は、タミレ湾の湾口から海岸線と並行方向に伸びた集落である。海側集落は干潮時になるともうひとつの陸地が出現したようで、海底が露出して細かな地形の差異が際立つ。潮の満ち引きの状態によって、歩ける場所も、船の出入りや係留ができる場所も変わってくる。満潮時には無かった道が、干潮時に出現するかのようだ。もちろん住民たちは、こ

うした潮の満ち引きによる変化も含めて地形を認識している。

　タミレ村周辺、そして漁場周辺の複雑な海の空間分類を示すために、次のような方法を採った。まず、サマ人漁師たちへの聞き取り調査[*1]で得られた空間分類の語彙について、地点や方角の異なる複数の海域を設定した。具体的には、①海岸と並行方向、②海岸と垂直方向、③外海の任意の海域の3つである。それぞれについて、擬似的なライントランセクト法[*2]を用いて概略的立体図を作成した。概略的立体図は、海岸線と並行の場合と、海岸線と垂直、および海岸から離れた海域の場合について作成した。概略的立体図の作図法は、いずれも［渡久地・吉川 1990；長津 1997；渡久地・西銘 2013］を参考にした。

　このうち外海の任意の海域（③）は、タミレ村の漁師たちが利用する漁場を含むように筆者が意図的に描画したものであり、どこか特定の地点を指すものではない。これに対して、海岸と並行方向（①）および海岸と垂直方向（②）の空間は、あえてタミレ村の現集落または旧集落を含むように設定した。これは、タミレ村の漁師たちにとって生業・生活の場として身近である／あった空間のほうが、より海底微地形について詳細に聞き取

＊1　本章で着目する海の空間の知識についての調査は、タミレ村のサマ人漁師 15 名に対する基礎的な漁撈活動の調査（第2章）と一部並行しておこなわれた。まず 15 名に対する聞き取り調査中の会話から、海の空間についての調査項目となるサマ語語彙を収集した。これをもとに、漁場と海の空間分類について、15 名中任意の 3 名と元釣り漁師オチェを対象に、直接面接・家庭訪問による半構造化インタビューを実施した。3 名の漁師は、それぞれ第2章における表 2-4 の対象者 A（59歳、釣り漁、延縄漁）、F（58 歳、釣り漁）、O（45 歳、潜り漁）に該当する。本章は、この計 4 名に対する聞き取り調査の結果を総合して整理したものである。ただし対象者 O からは、空間認識については部分的に聞き取ったものが多い。そのため、本章は実質的に（元）手釣り漁師らに対する聞き取り調査に依拠したものとなっている。

＊2　ライントランセクト法（またはベルトトランセクト法）は、生態学的調査に一般的に用いられる調査手法で、河川や森林を横断するように測線を設定し、測線上に存在する生物相を目視観察や測定などによって調査するものである。本研究におけるライントランセクト法は、上述の聞き取り調査で得られた空間分類を再現し、可視化することを目的として各測線の立体図を作成したため、架空の外洋域も設定されている。一般的な生態学的調査と区別するため、本章ではそれぞれ「擬似的なライントランセクト」と「概略的立体図」と表記する。

121

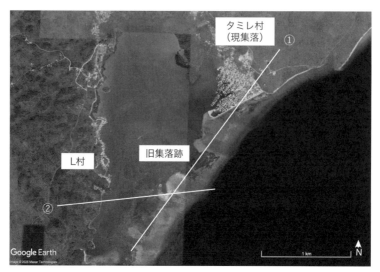

図 3-1　概略的立体図範囲を作成した擬似的なライントランセクト①と②
（Google Earth をもとに筆者作成）

ることができると考えたためである。

　図 3-1 に示したように、海岸と並行方向（①）の空間は、現在のタミレ村が位置する湾口部北東岸から南西岸にかけての海に設定した。タミレ湾の湾口部は、海岸と並行方向に歪な浅瀬が続く。浅瀬のうち、図 3-1 上で①と②の交差する地点が、ちょうどタミレ村旧集落の跡地にあたる。この周辺では、潮の満ち引きの状態によって女性がひとりで、あるいは 10 代の少女たちが連れ立って、ウニや貝類の採集をおこなう場所でもある。同じく若い少年たちも、銛や水中銃などの漁具を手に、引潮とともに逃げていく魚類を狙って練り歩く。満潮時の旧集落には、ところどころ海面に露出する浅瀬があり、周辺で漁をする人々が休息などのために立ち寄って休んでいることもある。干潮時になると、現在のタミレ村から旧集落まで歩いていくこともできるほど潮が引いて、まったく異なる景観をみせる。図 3-2 は、このような空間を概略的に示したものである。

　海岸と垂直方向（②）に示したのは、タミレ湾を挟んで陸から外海にか

122

第 3 章　海の民俗分類と空間的配置

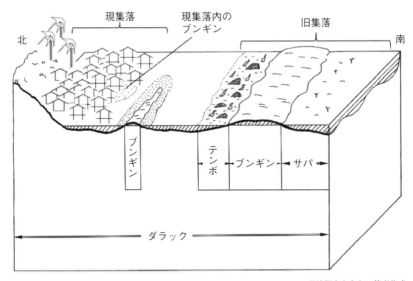

現地調査をもとに筆者作成

**図 3-2　擬似的ライントランセクト①（海岸線と平行方向）に相当する
タミレ村現集落から旧集落にかけての概略的立体図**

けての空間であり、対岸の L 村から旧集落を通って外海に向かう空間に相当する。L 村は、2000 年の大地震後にタミレ村の旧集落のうち最も西岸寄りにあった小集落が、ほぼ丸ごと移転してできた村である。現在のタミレ村のサマ人とは婚姻関係や社会・経済関係においても関係が深く、日常的に頻繁に往来がある。こうした経緯のため、現集落のサマ人漁師たちにとっては、現在は別の村となった L 村周辺の海も、①と同様に自分が生業や生活の場としてきた空間である。L 村と旧集落の間には、現在もいくつかの杭上家屋がみられる。これらはいずれも漁撈小屋、あるいは生簀を管理する小屋として利用されているもので、住居としては使われていない。

3-1-2　海の空間分類

まず海岸線と平行方向にみた場合（図 3-1 中の①）の概略的立体図を図

写真 3-3　旧集落跡のブンギンで休息する漁師たち
(2017 年 9 月 11 日筆者撮影)

3-2 に示す。

　タミレ村現集落とそのすぐ南西部には、ブンギン bungin とよばれる浅瀬が広がる。ブンギンとは、満潮時にも常に海上に露出している浅瀬である。上述した、漁師の休息場所になっているのはまさにこの旧集落跡地にあるブンギンである（写真 3-3）。岩礁域（一部にサンゴ群体を含む）サパ sapa は、潮位が高いときは水没しているが干潮時には露出する。旧集落ではブンギンとサパが隣接しているので、干潮時になるとひと続きの岩礁域のようにみえる。さらに、ある種の石や岩が一部海面に露出している浅瀬テンボ tembo がある。インドネシア語で「テンボッ tembok」というと、レンガやブロック、セメント混合物から作られた壁などを意味する [Kamus Besar Bahasa Indonesia]。これに対してサマ語の「テンボ」は、石や岩がまとまって存在している、あるいは部分的に積み上がっているものを指すので

第 3 章　海の民俗分類と空間的配置

写真 3-4　海面に露出したサパ
(2017 年 9 月 11 日筆者撮影)

あり、壁という含意はない。

　特にブンギンというサマ語は、岩礁域や浅瀬に関連した重要な民俗語彙のひとつであり、サンゴ礁を生業や生活の場としてきたサマ人にとっては、地域を超えて共通性のある語である。インドネシアの 2000 年の人口センサスを基にサマ人の人口分布を示した報告［Nagatsu 2017］でも、ブンギンに類する語が行政村名となっているサマ人集落は、ブンギン・ケラ（南スラウェシ州）、ブンギン・プルマイ（南東スラウェシ州）、プラウ・ブンギン（西ヌサトゥンガラ州）などがある。さらに、Google Map で「bungin」と入力するだけでも 10 ヶ所以上の地域名がスマトラ島から東ジャワのマドゥラ島、スラウェシ島まで広くみられる[*3]。

　満潮時でも水没しないというブンギンの地形的特性は、必ずしも海上生活を好んでいるわけではない住民にとっては都合がよかった。実際に、旧

125

タミレ村の浅瀬ブンギンには、小学校などの公共施設があった。また、華人やブギス人などの他民族公務員や教員など漁撈以外に携わるサマ人が多く住む地域であるため、商業的・経済的な機能をもつ場所でもあった。このようにそれぞれの地形的特性を引き受けながら、浅瀬ブンギンは小集落ブブンギン *Bubungin*、岩礁域サパは小集落ササパ *Sasapa*、石や岩の浅瀬テンボには小集落テンボ *Tembo* というように、旧タミレ村のなかでそれぞれ慣習的なまとまりとしての小集落が形成されていた*4。ブンギン、サパ、テンボという語は、単に浅い海の空間の一部を指す語であるだけでなく、かれらにとって生業や生活にも密着した語であるということがうかがえる。

つづいて、これらの語を包括する語とその意味範疇についてみてみたい。これまでみてきたように旧集落（跡地）周辺にはブンギン、テンボ、サパなどの空間があり、その周辺にはいずれにも含まれていないごく浅い海域がある。こうした海の空間に加えて、後背地の山を含む陸地などをすべて包括した空間を、ダラッ *darak* という。

インドネシア語では類似の表現として、ダラッ *darat* という語がある。混同を避けるため、本書ではサマ語の「ダラッ」はあえて「ダラック」と表記する。「ダラッ」は「①地表の固い部分；（海や水とは対照的に）水で浸水していない土地：②陸地または大地（宇宙とは対照的）：③高地（海岸の低地とは対照的で、通常は湿地、または水田や沼地とは対照的）：④内陸（沿岸とは対照的）」を意味する［Kamus Besar Bahasa Indonesia］。

インドネシア各地のサマ人集落で実施されたサマ語の基礎語彙調査によれば、インドネシア語のダラッに該当する語として、ダラックあるいはそれに類する語（ダラッ *darat*、マンダラッ *mandaraq* など）が確認された集落

---

*3　これらの多くは沿岸部やサマ人集落の周辺にあり、サマ語との関連性が高いと推察される。ただし、いくつかは内陸部の地点を指すものもあり、これらについての詳細は不明である。

*4　これに加えて、干潮時にも海底が露出せず、頻繁に船が行き来する通り道となっていた空間がルッパサン *Luppasang* とよばれ、全部で4つの小集落が形成されていた。

第 3 章　海の民俗分類と空間的配置

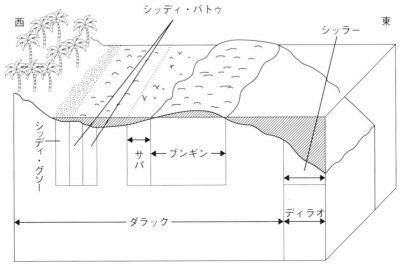

現地調査をもとに筆者作成

図 3-3　擬似的トランゼクト②（海岸線と垂直方向）に相当する
L 村周辺から外海にかけての概略的立体図

は、15 集落中 11 集落にのぼる［Akamine and Nagatsu 2007］。ダラッが示す範囲をダラックが含んでいる点では、タミレ村のサマ語も共通している。

　インドネシア語のダラッ（「陸」）は、いわゆる「海」的な空間と対照的なものとして捉えられ、「海」のように水で浸水していない土地を指す。しかし、少なくともタミレ村のサマ語におけるダラックは、さらに広い範囲を含む。これは、図 3-2 が示すように、常に露出している浅瀬ブンギンだけでなく、サパやテンボのように潮位によっては常にあるいは一時的に水没するような空間さえも包括する語なのである[*5]。

　次に、海岸線と垂直方向にみた場合の概略的立体図を図 3-3 に示す。陸側から順に、砂浜シッディ・グソー siddi gusoh（サマ語で「砂の縁、端」の

＊5　当該の基礎語彙調査［Akamine and Nagatsu 2007］は、調査票を用いてサマ語方言を把握することを目的としておこなわれたものであり、上述の 15 集落におけるダラッを含め、それぞれの意味範疇については言及されていない。

127

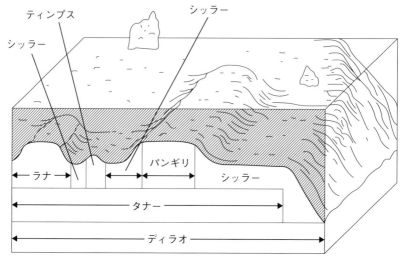

図3-4 擬似的トランゼクト③外海に相当する概略的立体図

意)、岩場シッディ・バトゥ siddi batu（サマ語で「岩の縁、端」の意）がある。シッディ・バトゥは、大きな岩場と小さな岩場にさらに分かれているが、それを明確に区別する語はない。旧集落周辺に該当するサパとブンギンを過ぎると、次第に深くなり、外海となる。このとき、浅瀬やサンゴ礁域から離れ、深くなっていく海域から先のすべての海域をシッラー sillah という。陸地からシッラーの手前までを包括するダラックに対して、シッラーから先の外海はディラオ dilao とよばれる。ディラオは、インドネシア語で「海」を意味するラウッ laut に相当するとされることもある［Youngman 2005］。シッラーとラウッの関係については次項で詳述する。

つづいて任意の外海の概略的立体図を図3-4に示す。外海には、面積や深さ、形状など、特徴的な地形の海底が形成される。これらのなかには、釣り漁の漁場に適した特徴を備えるものもある。タミレ村のサマ人漁師は、漁場を海底微地形の特徴からまず3つに分類している。これらに加えて、共通する特徴をもたない漁場群を個別に認識している。

第3章　海の民俗分類と空間的配置

　まず、ラナ *lana*[6] とよばれる空間は、堤のように盛り上がった海底と
その外縁部を指す。タミレ村の漁師たちが利用する漁場の多くは、このラ
ナである。海底堤の上部でも魚は釣れるが、厳密にはラナの外縁部が漁に
適している。海底堤がどこから急峻に深くなるか、その微妙な地形を読み
取り、記憶することが、より好い漁場を探りあてる技術につながる。

　ラナと同様に海底堤をもつ漁場に、パンギリ *pangiri* とティンプス *tim-
pusu* がある。パンギリは、海底堤の面積がラナよりはるかに広いものを
指す。ティンプスは、海底堤の面積がラナより深く狭いものを指す。パン
ギリもティンプスも、ラナほど多くはないが、いずれもバンガイ諸島周辺
に点在しているもので、よく利用される漁場である。

　ラナやパンギリ、ティンプスは、漁場の名前そのものが「○○のラナ」
や「○○のパンギリ」というように海底微地形の違いによる区分を冠して
いる。これは、漁師ら自身が海底微地形に基づいて漁場を類型化したもの
であるといえよう。本書では、漁場に対するこのような類型を、それぞれ
「ラナ型」、「パンギリ型」、「ティンプス型」と記載する。

　一方、漁場の名前に直接的には冠されることのない、パマンガン *paman-
gan* という漁場がある。パマンガンは単に「釣る場所」として理解される
もので、ラナやパンギリ、ティンプスのように、共通する特徴によって包
括される類型ではない。それぞれにまったく個別の名前があり、生態的に

----

[6]　ラナに限った話ではないが、これに該当するインドネシア語はない。タミレ村で
　調査を始めて間もないころ、帰漁した漁師にどこの漁場に行ってきたのか尋ねる
　と、「(インドネシア語で) レップ *rep* だ」と返されたことがある。ひとりやふた
　りではなく、誰に聞いても「レップ」という。インドネシア語の辞書を引いても
　出てこないが、さも当たり前かのように答えられるので、そんなに専門的な用語
　が使われているのだろうかとさえ思った。南スラウェシ州にある国立ハサヌディ
　ン大学の研究所でサンゴ礁など海洋生態学を専門とする研究者に聞いてみたが、
　やはりそんな単語はないと言われてしまった。あとからわかったことだが、「レッ
　プ」は英語の「reef」に由来しているようだった。しかしレップ、つまりラナは、
　必ずしもサンゴ礁や岩礁を含んでいるとは限らないし、生態というよりは地理的
　な広さや形状によって漁師たちに認識されているものである。このように、イン
　ドネシア語だけでなく英語を借用して説明されることもあるのだが、サマ語の意
　味範疇とはやはり異なる。

129

も地形的にもそれぞれ異なる。他の類型のように漁場の名前に「パマンガン」を含んではいないものの、いずれも「パマンガン」のひとつであると考えられている。先述の3つの型とはやや異なる性質ではあるが、本書ではこれらも「パマンガン型」漁場として記載する。

第2章の図2-24で示したように、タミレ村の漁師たちが利用する漁場は少なくとも29ヶ所が確認された。これらは、ラナ型、パンギリ型、ティンプス型、あるいはパマンガン型のいずれかに類型化される。利用頻度の高いラナ型漁場は、その数自体も4つの類型のなかで最も多く、広い範囲に18ヶ所の漁場が点在している。続いて、パンギリ型漁場は5ヶ所、ティンプス型漁場は3ヶ所、パマンガン型漁場は3ヶ所が確認された。

4つの漁場類型はいずれも、島沿岸から広がる浅い空間の上に形成されている。浅い島棚のようなこの空間はタナー *tanah* と呼ばれる。タナーは、インドネシア語と同様にサマ語でも「地面」や「土地」を意味するが、海においては島棚のような空間に対しても用いられる。4つの類型は島棚タナーの上に形成されていると同時に、タナーごと、ディラオ（「海」）にも含まれている。ディラオに含まれるタナーのうち、ラナなどの漁場ではな・い空間のことを指してシッラーという場合がある。一方で、ディラオのうち、島棚タナーを越えて急峻に深くなる外海の空間をシッラーと指す場合もある。

いずれにせよ、島棚タナーに形成された浅堆（バンク）が、面積や水深などの微細な違いによって類型化されているものが上述の4つの漁場類型といえる。一般に、大陸棚および大陸棚上の浅堆では、湧昇流が発生する。豊富な栄養分が海底から運ばれて、プランクトンが発生し、魚類が集まることから天然の好漁場となる。タミレ村の漁師たちもまた、海の空間それぞれの地形的特徴によって生まれるこのような生態をよく理解して、漁場を見分けているのである。

3-1-3　海底微地形語彙の意味範疇

図3-2から図3-4で示したように、海底微地形を分類するサマ語の語彙

には、一意的とは言いがたいものが含まれる。本項では、その意味範疇とそれぞれの文脈による使い分けを整理する。

　まずダラックとディラオは、インドネシア語の「陸（ダラッ）」と「海（ラウッ）」にそれぞれ類似することを述べたが、タミレ村のサマ人にとっての意味範疇はやや異なる。

　タミレ村においてダラックは、いわゆる一般的な「陸」に加え、シッディ・バトゥやシッディ・グソーなどの岩礁域や砂浜だけでなく、サンゴ礁域や、干潮時には水没する浅瀬も含む語彙である。一方ディラオは、ブンギンやサパをとりまく浅い海を含まない。このような点から、ダラックもディラオも、いわゆる「陸」と「海」にそのまま対応する語彙とはいえない。なお、ディラオとダラックのどちらも包括する語彙を尋ねると、「ない」と返答されるか、インドネシア語の「ラウッ *laut*（海）」が挙げられた。

　このように、ダラックとディラオは必ずしも一意的に「陸」と「海」をそれぞれ指すとは限らないことから、本書では、ダラックとディラオをそれぞれ「陸的」空間と、「海的」空間を指すものとする。

　ただし「陸的」空間ダラックと「海的」空間ディラオの区分も、文脈によって異なる場合がある。たとえば図 3-2 をみると、現在のタミレ村はすべて「陸的」空間ダラッに含まれている。しかし、「漁師が多いのはディラオの家のほうだ」というように、海側の集落や住民を指す場合に「ディラオの」と表現することが多い。このとき、「ダラックの」というとサマ人以外の民族集団（バンガイ人など）を指し、「上の」というと陸側の集落や住民を指す。ダラックとディラオにおけるこのような文脈による使い分けには、これらが漁師以外の住民にも日常的に用いられる語であることや、社会的なまとまりや民族意識にかかわる区分であることも大きく関係していると考えられる。

　しかし、主に漁師だけが認識している海の空間分類においてさえも、文脈によって意味範囲が異なることがある。たとえば湾岸部（図 3-3）にみられるシッラーは、浅瀬やサンゴ礁域でないすべての海域空間を指す語彙である一方、外海（図 3-4）にみられるシッラーは、タナー以外のすべて

の海域空間である。さらに、同じく図3-4によれば、タナーのなかでも、ラナやパンギリなどの漁場以外のすべての海域空間を指してシッラーという場合もある。

3つの意味範疇のシッラーに共通することは、いずれも特定の海域ではない部分を指すということである。言いかえれば、ある空間分類に対応して成立する分類ということができる。シッラーという語が指す空間は、(1)浅瀬やサンゴ礁域でないすべての海域空間、(2)タナー以外のすべての海域空間、(3)漁場以外のすべての海域空間、の3つに整理することができる。

シッラーというサマ語について、フィリピン南部のスールー諸島では、サンゴ礁を超えた深い海、つまり外洋が「s'llang」と表現される[長津1997]。インドネシア・バジャウ語あるいはスラウェシ系サマ語に分類されるバンガイ諸島のサマ語では、語末の「ng」が「h」に転ずる傾向があることから、これはシッラーに対応する語とみることができる。興味深いことに、スールー諸島では、シッラーについてさらに細かい区分をしたり、文脈に依存して意味範疇を変えたりすることはないようである。これは、スールー諸島のサマ人たちの主な漁撈空間がサンゴ礁にあり、礁縁を超えた外海（シッラー）には親しみがないということも考えられる。逆にいえば、タミレ村のサマ人漁師によるシッラーの3つの使い分けは、浅海〜外海にかけての沿岸部で漁をおこなう人びとに特徴的な空間認識が反映されていると捉えることができる。

3-2　海の空間的配置

3-2-1　スケッチマップ調査

タミレ村の漁師たちは、スマートフォンはもちろんのこと、GPSも地図もコンパスも持っていない。しかし、第2章の図2-24で示したように、かれらは約30ヶ所もの漁場の位置関係を詳細に記憶している。それに対

していま自分がどこにいるのかを把握して、目的地に向けてどのように進むべきかを判断する。

前項では、サマ人漁師たちが海の空間をどのように分類しているのかを整理し、擬似的に設定した空間について図示してきた。しかし、かれら自身は実際の島々や漁場の位置をどのように空間的に把握しているのだろうか。

海を生業の場として移動する人びとの空間認識は物質として残されることも少なくない。たとえばミクロネシアでは、ココヤシの葉柄や貝殻などを使って島々の空間的配置関係や、潮流が島にあたって海のうねりが変化する状態などを図示した模型図が知られている［国立民族学博物館 2023］。日本においても、漁業権や漁場区域の制定のため、あるいは漁師自身が記録のために描画したものが「漁場図」などの絵図として残されていることがある。こうした絵図には、漁場となる空間や周囲の景観がどのように捉えられているか、という空間認知のありかたが反映される。たとえば沿岸漁業においては、海上の視点から目標物となる山との位置関係によって漁場を示すものがある［安室 2017］。1977 年に沖縄で作成されたサンゴ礁の地名図は、航空写真をトレースした線描をベースマップとしている［渡久地・西銘 2013］。このように、海を移動する人々によってつくられた模型図や絵図には、かれらが漁場や島の位置関係を示すために、様ざまな要素が重要な手がかりとして配置されている。さらに、空間を垂直方向に俯瞰して捉えるのか、海上の視点から平行に捉えるのかということも一様ではない。

人間の頭の中で構成される空間認知の内容が、手書き地図や距離・方向認知などの方法によって外在化され、他の地図と比較可能な形式で表現されたものを認知地図（cognitive maps）という。地図といっても、我々が想定するようないわゆる地図がそのまま万人の頭の中にあると想定するわけではない。ここでいう「地図」とは空間認識の表象概念のことであり、隠喩としての「地図」である。

頭の中で構成されている認知地図を、外在化する試みのひとつにスケッチマップ（地図描画）法がある。スケッチマップ法とは、ある領域の地図

を自由に描画してもらうことで、ある地域に対する内的イメージを読み取ろうとするものである。スケッチマップ法は、主に配置的な空間情報を外在化する手法であり、言語的記述からは必ずしも明示されるとは限らない情報が空間的に表現されるという利点がある［増井・今田 1992；ブラーデス 2007（2001）］。ただし、描き手の描画能力の影響を受けやすいなどの問題点もある*7。

　認知地図の研究は、その性質と機能、変化に着目して取り組まれてきた。たとえば、（描画者が）何を知る必要があるのか（現象の位置と属性）、何を知っているのか（認知地図の不完全性、歪み、図式化、形成過程における付加、集団間・個人間の差異）、どのように知識を獲得するのか（人間側の感覚諸相と対象側のありかた（直接情報源と代理情報源））、変化（付加、減少、再組織化）などが挙げられる［Downs and Stea eds. 1973］。

　本項では、タミレ村のサマ人漁師たちが漁場や島々の空間的配置をどのように捉えているのか、スケッチマップ調査に基づいて論ずる。ただし、「地図を描く」という行為自体に不慣れであるタミレ村の漁師たちにスケッチマップの描画を強いることは心理的にも負担が大きいと考えられる。そのため、本項におけるスケッチマップ調査は、描画状況の条件を調査者が完全にコントロールするような実験的手法は採らず、第三者による補助を前提とし、また漁師自身の自由な描写に任せた。したがって本項では、スケッチマップそのものの精緻な分析から空間認知を探るのではなく、それに対する漁師らの語りやナヴィゲーションの実践を分析するための空間認知の外的表象として補助的に用いるものとする。

＊7　スケッチマップ法を用いた調査、特に条件を与えずに自由に描写してもらう方法では、いくつかの問題点も指摘されている。たとえば、子どもが描いた地図の空間情報に歪みが生じるなど、描画能力の影響がある［岡本 2004；ブラーデス 2007（2001）］。また、地図の簡略化の傾向や、描画面の大きさや描かれる対象物の数の影響、対象物が描かれる順序の影響があり［増井・今田 1992］、調査対象者にとって視覚的に強い、あるいは強烈に諸感覚に訴えるような要素があらわれやすい［リンチ 2020（2007）］。このような問題点から、認知地図を描かれた地図と全く同一と解釈することはできない［増井・今田 1992］。

第3章　海の民俗分類と空間的配置

スケッチマップによる調査は、手釣り漁師 F を主な対象として計 3 回、直接面接・家庭訪問により実施された。描画は対象者自身またはその指示のもと第三者がおこなった。

3-2-2　手釣り漁師 F のスケッチマップ

タミレ村出身の漁師 F は、魚類を対象とした手釣り漁師である。漁船には長さや重さの異なる手釣り漁具を何種類も積み、対象魚種に合わせて使い分ける。近年、手軽に利益を得られると若年層を中心に従事者が増えているダイナマイト漁やタコ漁には、手を出したことがない。タミレ村の年配漁師には、若く体力のあるときには潜り漁に従事していたという者も多い。約 60 歳の漁師 F はこうした他の漁法の経験はなく、手釣り漁一本で生計を立て、家族を養ってきた。彼の腕前もあって、子どもたちのなかには、タミレ村の漁師世帯としては珍しく、大学に進学したり地元で教師になったりした者もいる。その子どもたちもペレン島市街地やバンガイ島へ移り住み、いまは彼とその妻の二人暮らしとなった。

深夜 2 時から 3 時頃、彼は静かに家を出発する。友人や家族と連れ立っていくことはなく、基本的に 1 人で出漁する。目的の漁場は、出漁前におおよそ決めてある。季節や時間帯にもよるが、特に適漁期コンダにおいては、ペレン島東部のパマンガン型漁場（第 2 章、図 2-24 中の PM1）、バンガイ島東部のパンギリ型漁場（同、PG4）ラナ型漁場（同、L6・L7 など）を目指すことが多い。特定の魚種を狙ってどこかの漁場を目指すというよりは、季節や天候、身体的なコンディション、あるいはそのときの気分で決めることが多い。

「ここ（タミレ村）から PM1 漁場へ行くときは、何を見てどうやって進むのか」と聞くと、彼は島と岩の名前を羅列しながらルートを説明し、手近なところにあった紙に自ら地図を描きはじめた。これが第一のスケッチマップである。

第一のスケッチマップは、2017 年 10 月 10 日の聞き取り調査中に、31cm×24cm の茶色の厚紙に、漁師 F が利用するタミレ村東部の漁場と目標物

135

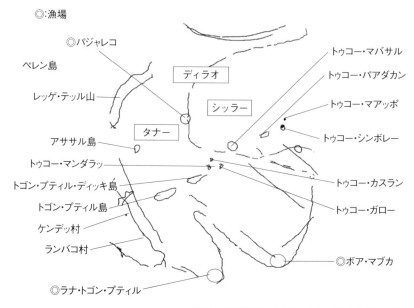

漁師Fによる描画に、その指示のもと筆者が地名等を追加
図 3-5　タミレ村東部の漁場と離れ岩トゥコーの位置関係

の位置関係を油性ペンで描いたものである（図 3-5）。漁師Fは海に面した出入り口（南東方向）を向いて座り、厚紙を挟んで元漁師オチェと筆者が彼に対面するかたちで漁師F宅の床に座った。漁師Fの描画に続いて筆者が名称を聞き取り、これを描画に書き加えた。

図 3-5 からは、認知地図としてのいくつかの特徴がみられる。

まず目に留まるのは、島の極少性と離れ岩を中心とした描画による歪みである。漁師Fはパジャレコ漁場への行きかたを説明するために、最初に 9 つの離れ岩を円形や四角形で描き、筆者はその名称を質問し油性ペンで書き加えた。これがスケッチマップの中央に横断的に描かれた図形の列である。トゴン・プティル島とトゴン・プティル・ディッキ島は 9 つの中では大きく描かれている。そのほかの比較的小さく描かれているものは、離れ岩トゥコーである。ところが実際の位置関係をみると（図 3-6）、2 つの島と 7 つのトゥコーの面積の比はより明確に異なることがうかがえる。

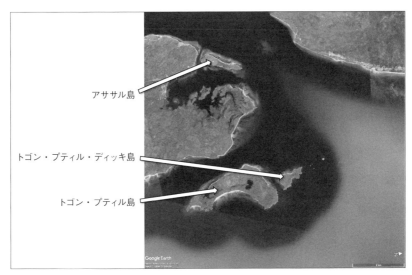

図 3-6　図 3-5 に対応する空撮画像
(Google Earth をもとに筆者作成)

　比較的大きなトゴン・プティル島と比べれば、離れ岩トゥコーは豆粒ほどの大きさしかない。一番大きなトゥコー・マバサルがようやく空撮画像に写る程度である。しかし、図 3-5 においては島とトゥコーの大きさは区別されつつも、島は極端に小さく描かれ、トゥコーと同列に配置される。この 9 つの岩・島を中央に置き、つづいて漁師 F は周辺の地形をうっすらとした線で描き、集落や岬を点で、漁場を円形で描いた。筆者はそれぞれの名称を聞き取り、鉛筆で書き加えた。漁場や目標物の名称は、聞き取り調査に基づいて筆者が後から書き加えた。中央に描かれた岩・島の面積比は実際のものとは大きく異なる。しかし、漁師 F はこれらを基準として、また自身の身体的感覚をもとにして周辺の陸上地形を描いた。そのため、あるはずのない位置に海岸線が描かれるなど、空間的な歪みが生じている。
　円形や四角形で記されるこれらの目標物や漁場に対して、曲線状で描かれているのはペレン島の海岸線と、島棚タナーの外縁である。漁師 F によれば、ペレン島東部にはこのような島棚タナーが広がっており、その外

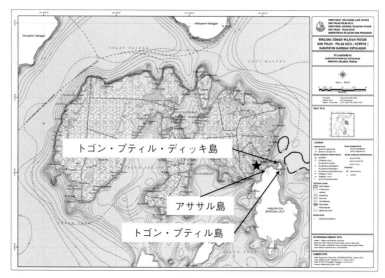

図中★がタミレ村
"Peta Bathimetri Kabupaten Banggai Kepulauan Provinsi Sulawesi Tengah"（Direktorat Tata Ruang Laut, Pesisir dan Pulau-Pulau Kecil, Direktorat Jenderal Kelautan Pesisir dan Pulau-Pulau Kecil, Kementerian Kelautan dan Peikanan）をもとに筆者作成

図 3-7　バンガイ諸島県深浅図

縁部に3つの漁場が記されている。漁師Fは、島棚タナーの外縁を超えた空間は外海シッラーであり、タナーとシッラーを包括して「海的」な空間ディラオであると説明した。図 3-7 に示したペレン島周辺海域の深浅図を参照すると、タミレ村東部の水深100m前後の深浅等高線が、漁師Fの描いたタナー外縁に近い曲線として見出すことができる。

　興味深いことに、目に見える海岸線は途切れ途切れで不完全な線だが、島棚タナーは漁場や離れ岩との位置関係などを含めて極めて詳細に描かれている。図 3-7 のように、島棚タナーに該当すると考えられる海域は海底を視認できないほど深い。前項で述べたように、海底に堤のような形をもつラナは、島棚タナーの上にある。漁師Fによれば、ボア・マブカ漁場とラナ・トゴン・プティル漁場の2つのラナ型漁場に加え、パマンガン型漁場であるパジャレコ漁場も島棚タナーの外縁部に位置する。海底を視認

第 3 章　海の民俗分類と空間的配置

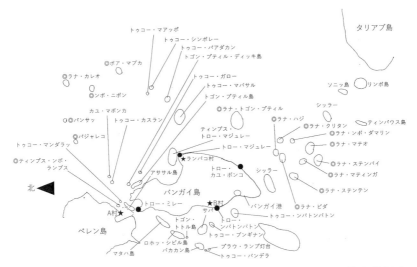

漁師 F の息子 F1 による描画に筆者加筆
図 3-8　タミレ村南東部の漁場と離れ岩トゥコーの位置関係

できないような島棚タナーの外縁部の位置は、島やトゥコーなどの陸上景観を見るだけではわからない。そこで漁師 F は道糸を垂らして、シンカーが海底にあたる感触や、急に深くなりシンカーがふっと沈む感触を確かめる。このように、図 3-5 には道具を介した海の「手ざわり」のように、視覚だけではない諸感覚によって獲得・知覚される環境も描かれるのである。

　第二のスケッチマップは、32cm×21cm、7mm×41 行罫線のノートの見開き 1 ページ分の用紙に、漁師 F が利用するタミレ村南東部の漁場に到達するための目標物の位置関係を油性ペンで描いたものであり、漁場名などは筆者が記載した（図 3-8）。この図は、2017 年 9 月 8 日に作成されたもので、タミレ村東部に連なる離れ岩トゥコーについて漁師 F から聞き取っていた際に、彼の息子 F1 が漁師 F の指示のもと描き出したものである。当初、漁師 F はこれらの位置関係を口頭で説明する際に、床に傷をつけたりペンで点を描いたりして説明していたが、このとき同席していた息子 F1 が筆者の理解を補助するために作図をはじめた。漁師 F は海に面

139

した出入り口（南東方向）を向いて指示し、息子 F1 は南方向を向いて鉛筆で描き出した。オチェと筆者は漁師 F と対面するかたちで漁師 F 宅の床に座った。F1 はバンガイ島南東部にまずトゥコー・マンダラッなど 9 つの離れ岩を名称と併せて円形や四角形で描いたが、漁師 F がこれを否定したため、漁師 F の指示のもと図 3-5 の位置に描き直した。同様にして、F1 が周辺の離れ岩トゥコーや島、岬の名前を書き入れた。漁場の位置は 2017 年 9 月 8 日から 10 月 20 日までの間に、漁師 F の指示のもと筆者が鉛筆で加筆したものである。漁場を示す円形の位置や大きさなども彼の確認を得ながら描いた。

　図 3-8 に書き込まれたのは、合計 15 ヶ所の漁場と、10 ヶ所の離れ岩トゥコーなどを中心に、複数の岬や島々である。この図では島棚タナーは描かれないが、ソニッ島近くにあるシッラーが言及された。このシッラーは漁場のようには名前が付与されず、またその外縁が示されることもない。15 カ所の漁場の位置は、いずれも周辺の漁場や、離れ岩トゥコー、岬、島々との位置関係によって描き込まれた。まずペレン島とバンガイ島、その間や東部の離れ岩トゥコー、漁場が、続いてその「東にタリアブ島がある」とタリアブ島、リンボ島、ソニッ島、ティンパウス島が描かれた。その後、漁師 F の指示のもと、バンガイ島とタリアブ島の間の空間に漁場が描かれた。

　第二のスケッチマップでは、おおよそ絶対位置に描画された主要な島の間を基準として、漁師 F が離れ岩トゥコーの配置を指示して描かれた。その結果、絶対位置の島々との間には、空間的な歪みが生じた。第二のスケッチマップにおける描画とそのやりとりからは、漁師 F による海の空間的配置の記憶のたどりかたがうかがえる。つまり、海上の離れ岩や海底の漁場との相対的な位置関係や方角（例：「漁場 A の東に漁場 B がある」、「漁場 A と漁場 B が隣り合っている」）、身体的感覚や見えかたによる遠近や距離（例：「離れ岩 A と離れ岩 B はすぐ近くにある」、「漁場 A と漁場 B は近くにあり、少し離れて漁場 C がある」）といった、主観的な感覚から漁場を配置していく／たどっていくのである。

第 3 章　海の民俗分類と空間的配置

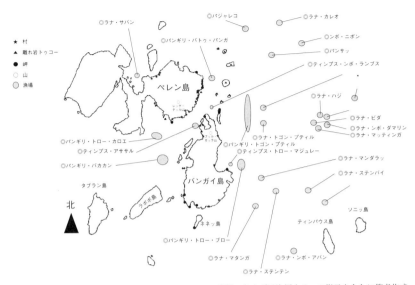

漁師 F および元漁師オチェの指示をもとに筆者作成
図 3-9　バンガイ諸島周辺の漁場の位置関係

　しかし、第二のスケッチマップにおいて周辺の漁場などから数珠つなぎのようにして次の漁場を書き込んでいくうちに紙面が足りなくなった。漁師 F は、紙面が足りないが実際にはバンガイ島とタリアブ島の間はもっと空間があると説明した。そこで、A4 の白紙 6 枚をつなぎ合わせた用紙に、筆者が実測地図を見ながらペレン島やバンガイ島など主な島を書き写した白地図を用意した。第三のスケッチマップは、ここに漁師 F と元漁師オチェの指示のもと、彼らが利用する漁場の位置関係と名称を筆者が鉛筆で書き込んだものである（図 3-9）。漁師 F は海に面した出入り口（南東方向）を向いて座り、用紙を挟んでオチェと筆者が彼に対面するかたちで漁師 F 宅の床に座った。筆者はまず図 3-8 に描かれた離れ岩や漁場について、あらためて位置などを確認しながら書き込んだ。図 3-9 には、26 ヶ所の漁場のほか、多数の村や離れ岩トゥコー、岬などが書き込まれた。漁場の位置を書き込むためには、まず離れ岩トゥコーや村、岬などの目標物の位置を書き込む必要があった。これらの目標物のうち、特に村や岬な

141

どは実測図に記された公的な地名と一致するものも多い。しかし、漁師F
と元漁師Pの説明に基づいてその位置を書き込もうとすると、必ずしも
実測図におけるそれらの位置と一致しないことが複数回あった。このよう
な不一致はたとえば、漁師Fらが普段通らない海域にある地名について
「〇村のすぐ近くに△村がある」と説明するときに多く生じ、実際には〇
村と△村は「すぐ」とはいえない距離にあった。一方で、ペレン島東部に
多く書き込まれた村々の位置はほぼ実際の位置にあると認識されていた。

　また、漁師自身が爪で傷をつけるようにして紙面に直接位置を示すこと
があった。これらは多くの場合、すでに書き込まれたものとの位置関係を
考慮することなく示され、またかれら自身の説明とも異なる位置であった。

　このことは、漁師らが目標物の位置を誤って認識しているのではなく、
海上からこれらの目標物を視認する際に近接して視るか、離れて視るか、
ということに由来すると考えられる。ペレン島東部沿岸部は漁師らの航行
ルートであり、村々を陸から近い距離で観察している。そのため図3-9の
ように見なれない地図であっても、沿岸の地形を頼りにほぼ実際の位置を
示すことができた。他方、ペレン島北部沿岸部などは日常的に航行するこ
とはない。村々はペレン島北東部の漁場へ向かう際に、遠景として視界に
入るものである。漁師らは陸から遠く離れた海上から村々を視認するため、
実際には離れた距離にある村でも、近接しているように視え、「すぐ近く
にある」と認識していると考えられる。

　また、第二のスケッチマップおよび第三のスケッチマップに共通して、
漁場そのものも空間的配置の基準となる場合があった。漁師Fが漁場や
岩の配置の記憶をたどるとき、かれは第三者が作図している図面をほとん
ど見ていない。しかし、たとえば漁場Aの配置を指示するときには「そ
の東に漁場Bがあるだろう」、「その先に少し離れて漁場Cがあるだろう」
といったように、周囲の漁場との位置関係をたどる。このとき漁場Bや
漁場Cは、漁場Aの位置や方角を示すものであり、漁場Aから延長／拡
張された線上にある目印としての機能がある。ただし、当然ながら洋上で、
しかも遠方から漁場を視認することはできないので、目に視えない「目標

142

物」ということになる。言い換えれば、漁師Fは可視的な島や岩だけで
なく、不可視的な漁場を手がかりとするのである。こうして想像上の「目
標物」の位置関係のなかに自己を定位することによって、漁師たちは自分
を含む海の空間的配置を把握している。

3-2-3　漁場、目標物、ルート

　3つのスケッチマップ（図3-6、3-8、3-9）に書き込まれた岬トロー、離
れ岩トゥコーなどが、漁場へ到達するために利用される目標物であること
をふまえ、海上移動におけるこれらの意味を検討する。

　漁師Fや元漁師オチェは、漁場の位置を説明する際に、他の漁場の位
置を手がかりとすることが複数回あった。実際の漁撈活動においても、漁
場ラナ・マッティンガ周辺の漁場のように、海底を視認すれば漁場から漁
場へ直接移動することがある。また、第4章で詳述するが、漁場の名前そ
のものが他の漁場との位置関係を反映していることもある。たとえば漁場
ラナ・マッティンガはサマ語で「真ん中のラナ」を意味するが、これはそ
の北西の漁場ラナ・ビダと、北東の漁場ラナ・ンボ・ダマリンの中間に位
置することに由来する。

　このように、一部の漁場間の移動や命名については、漁場と漁場が点と
点のように結びついているようにみえる。しかしより多くの場合には、漁
場そのものは遠くから視認して位置を知ることはできない。ある漁場から
別の漁場へと、視認や移動によって連続性がみられることは稀である。

　視認できないがスケッチマップに書き込まれた要素には、漁場のほかに
も島棚タナーがある。島棚タナーの外縁は直接視認することはできず、第
2章で詳述したように釣り糸を垂らして水深を測ることで見出される。

　他方、離れ岩トゥコーや岬トローなど、海上で視認することのできる要
素も多くみられた。これらは漁場の位置を説明したり、実際に海上を移動
する際に利用したりする目標物である。バンガイ諸島は、小さな島々が点
在しているため、漁師たちは常に何かしらの目標物を視認することができ
る。外海での漁撈でも、見渡すかぎり何も陸上の目標物がないような景観

になるほど遠洋へ離れることはほとんどない。そのため、レッゲ・トゥル山のように、どこにいても視認できるような大きな目標物は少なく、自船との位置関係によっては視認できないような目標物が多くみられる。たとえば離れ岩トゥコーや岬は、第2章で述べた二直線法や連続法などの位置特定技術で用いられるように、限られた場所でしか見えない局地的な目標物である。むしろ、それぞれの局地性を利用することによって、漁場や自船の位置を特定することができる。

　目標物は海中（海底）にもある。海上移動においては、夜間であれば天体などを視認したり、昼間であれば山や島影を視認したりして大体の方角をつかむと、離れ岩トゥコーや岬など局地的な目標物を用いて、それらが「適切に」視認できるように移動する。漁場近くまで来ると、その漁場に特有な目標物、たとえばある種類の海藻が繁茂しているとか、ある魚種が多く泳いでいるとか、ある岩や砂などの底質をもつなど、細部まで観察しないと分からないような目標物が参照される。漁場に到達するための海上移動では、漁場に近づくにつれて目標物の視認性は局所的になり、参照すべき情報はより密になる。

　このように、スケッチマップに書き込まれた要素は、陸海上の目標物とそれによって導き出された不可視の漁場であったが、いずれのマップにも、実際に航行すべき、漁場への到達ルートが書き込まれることはなかった。そもそもタミレ村のサマ人漁師の利用する海はサンゴ礁のほとんどないような外海であるため、航行に適した礁路などを視認することはできない。また海上移動における航行ルートとは、目に見えるような道路や道筋があり、そこを漁師らがみな通るわけではない。

　しかし、第2章で述べたように、彼らは闇雲に海上を移動するのではなく、山や離れ岩トゥコーの局所性を利用して、これらの目標物を適切に視認できるように移動する。そのため、結果的にはおよそ同じルートを移動することになる。サマ人漁師が海上を移動するルートとは、目標物を認識し、それらの位置関係のなかに身を置くことによって初めて海に見出され、立ちあらわれる道であるといえる。

3-3 「面的」認識、「線的」認識、「スポット的」認識

　タミレ村のサマ人漁師、特に外洋釣り漁師の空間認識について、これまでまず海の空間分類とスケッチマップを手がかりとして分析してきた。本節ではこれらをもとに、彼らの空間認識の全体像を捉える。

3-3-1　海の「面的」空間認識と「線的」空間認識

　ササンゴ礁性漁撈をおこなうサマ人は、礁原の中においてもどこが浅い区域でどこが深い区域であるとか、どこに海藻が分布していてどこがサンゴ群体になっているか、といったように海底構成をある程度の面積を持った区域として、「面的」に記憶することが知られている［長津 1997］。この場合、どういう区域を通過していけば目的の漁場に到達できるのかという知識があればよい。

　このことは、サマ人に限らずサンゴ礁空間で漁をおこなう人びとにも通ずる［渡久地 2017；高橋 2018］。高橋によれば、漁場と漁場の位置関係は、点と点を結ぶように連鎖的なものとして捉えられているが、ある一つの漁場の全体像は、漁撈に利用される地形に関する知識の重なりによって初めて浮かび上がる［高橋 2018：123-124］。漁撈に利用される地形に関する知識とは、海底微地形の構成についての「面的」記憶に他ならない。

　長津は、「面的」記憶の対比として、日本でいうヤマアテのように点と点を結んだ線によって漁場を特定する「線的」空間認知を挙げている［長津 1995］。海底を視認する「面的」記憶に対して、「線的」空間認知は陸上景観と自船あるいは漁場の位置を海上で視認し、連結する記憶である。長津によれば、サンゴ礁域で漁撈活動をおこなうサマ人には「*pinandogahan*」という「漁場の記憶の技術」がある。これは特定の島や海上集落が、接している（*magtukmu*）か、先が重なっている（*maglapis tong*）か、近い（*magsekot*）か、離れている（*maglawak*）か、背負っている（*magbaba*）か、というように陸地部の重なり具合に着目するものであり、日本のヤマアテに相当

145

するという。ただし、これらは非常に大雑把であり、実際の漁撈活動の際に、明瞭に認識され利用されることは少なく、漁場の把握はむしろ「面的」な記憶によっている［長津 1995］。

　しかし、このように目標物と自己（自船）、目的地（漁場）を連結する「線的」空間認知は、第2章で詳述した海上移動における複数の位置特定技術や、本章でこれまで述べてきた海の空間分類など、海上移動をめぐる空間利用に関する数々の技術のうち、ヤマアテのみを取り出して論じられたものである。

　漁撈活動はそもそも、その対象が人間の視認できない海中に存在していることが特徴である。これは、サンゴ礁域や沿岸部から遠く離れた外海ではさらに顕著である。本章でこれまでみてきたサマ人漁師による海の空間認識は、不可視の漁場や道を可視的な目標物を手がかりとして見出す点で、サンゴ礁における空間認識のありかたとは大きく異なる。漁場周辺などは「面的」に認知しているようにみえるがこれは局所的である。また、目標物を利用した「線的」認知もあるが、これだけでは漁場に到達することはできない。目標物自体も、漁場に近づくにつれて局所的になり、参照すべき情報は密になる。

3-3-2　海の「スポット的」空間認識

　本章がこれまで述べてきたように、ある漁場の位置を特定するためには、海中、海上（陸地）の目標物をも視認する必要がある。第2章で述べたように、実際の海上移動では、このように陸上の遠景を用いた「線的」認知に加え、魚や鳥や天体など、動く目標物や上空の目標物を参照することもあるし、海底を視認することもある。これらを組み合わせて、漁師たちはより正確に漁場を特定する。適切な位置から、適切な目標物を視認するための知識と、これを実践する技術によって、初めて眼前に不可視的な海の道が立ちあらわれる。このような知識や技術がない者にとっては、そこにはただ海がひろがるだけである。

　海上移動では、漁場の中心に近づくほど、海中・海上・上空など様々な

146

漁撈知や生態条件を参照し、認知・記憶は分厚く密になるのであり、中心から外側に行くほど認知・記憶の対象が薄くなるという特徴がある。タミレ村漁師の認知・記憶は、海面と垂直・平行方向に広がっていることから、彼らの認知は、中心に対して「波紋」的・三次元的な構造をもつといえる。

　空間認識についていえば、サンゴ礁域では、海底微地形の窪みなどわずかな特徴の記憶による小分類が、広範囲に途切れることなく存在する。一方で外海に対する海に対する認識には、細かな特徴には関心が払われずに形成された大分類が多い。沿岸から外海までをみると、大分類のなかでスポット的・断続的に認識の密度が濃くなる地点があり、これが漁場でもある。

　タミレ村の空間分類においては、海の空間全体に対して「面的」に、途切れることなく語彙が付与されるわけではない。漁場は、目標物と結びついて局地的に捉えられるこれを三次元的な波紋の中心として、認知や記憶の層は中心に近づくにつれて分厚く、密になる。このような「スポット的」な空間認識の構造は、外海を移動して漁をおこなうために発達したもので、「面的」あるいは「線的」な認識と比べて、より適した空間認識の構造であると考えられる。

　ただし、このような空間認識の特徴は二者択一的なものではなく、居住・利用している地理的条件に応じて、いずれの傾向がより強く表出されるかの違いとして理解するべきであろう。

小括

　本章では、タミレ村のサマ人漁師らの海の空間認識について述べてきた。
　まず海の空間分類について、海底微地形の細かな特徴には関心が払われずに形成された大分類が多いという特徴がある。ただしこの関心度には「ムラ」があり、大分類のなかでスポット的・断続的に認識の密度が濃くなる

地点が漁場である。

　次に海の空間的配置について、島や岩など可視的な目標物に加え、視え
ない漁場の位置をも手がかりとして空間の記憶がたどられる。漁師たちは、
様ざまな目標物の位置関係のなかに自己を定位することで海を空間的に把
握し、漁場を探りあてるのである。

　約30カ所もの漁場へ到達するためのルートそのものを視認することは
できない。これらは目標物を適切な位置で視認できるように移動すること
によって、初めて見出され、立ちあらわれる海の道といえる。これは、海
底を視認することのできない外海における漁撈の特徴とみなすことができ
る。

　本章冒頭で述べたように、バンガイ諸島の海は半閉鎖性外洋系の海上景
観をもつ。ここを移動するサマ人漁師たちは、漁場の中心に近づくほど、
海中・海上・上空の様ざまな情報を参照する必要があり、彼らの認知・記
憶の層は分厚く密になる。このように、海に対するかれらの空間認識は中
心に対して三次元的な構造をもつ。この構造は、漁場のある地点で顕著に
あらわれる点で、「面的」あるいは「線的」認識に対して「スポット的」
な空間認識といえる。このような空間認識の構造は、浅海から外海にかけ
てを移動して漁をおこなうために発達したものであると考えられる。

引用文献

岡本耕平「野生のナヴィゲーションとは何か」野中健一編『野生のナヴィゲーション──
　　民族誌から空間認知の科学へ』1–21. 古今書院. 2004.
国立民族学博物館「海図（スティック・チャート）（複製）」（国立民族学博物館標本資
　　料目録　標本番号 H0004602）〈https://htq.minpaku.ac.jp/databases/mo/mocat.html〉（最
　　終閲覧日 2025 年 1 月 8 日）. 2023.
高橋そよ『沖縄・素潜り漁師の社会誌──サンゴ礁資源利用と島嶼コミュニティの生
　　存基盤』コモンズ. 2018.
渡久地健『サンゴ礁の人文地理学──奄美・沖縄、生きられる海と描かれる自然』古

今書院. 2017.

渡久地健・西銘史則「漁民のサンゴ礁漁場認識――大田徳盛氏作製の沖縄県南城市知念『海の地名図』を読む」『地理歴史人類学論集』4：77-102. 2013.

渡久地健・吉川博也「サンゴ礁地域の開発と保全――生活者の視点から地域形成を考える」サンゴ礁地域研究グループ編『熱い自然―サンゴ礁の環境誌』古今書院. 300-316. 1990.

長津一史「フィリピン・サマの漁撈活動の実態と環境観――民俗環境論的視点から」京都大学人間・環境学研究科文化・地域環境学専攻修士学位申請論文. 1995.

――――「海の民サマ人の生活と空間認識――サンゴ礁空間 t'bba の位置づけを中心にして」『東南アジア研究』35（2）：261-300. 1997.

ブラーデス、マーク「子どもの経路発見を研究するための研究パラダイムと方法論」（内藤健一・村上涼・加藤義信訳）ナイジェル・フォアマン、ラファエル・ジレット編『空間認知研究ハンドブック』（竹内謙彰・旦直子監訳）117-142. 二瓶社. 2007（2001）.

増井幸恵・今田寛「認知地図研究における方法論的問題――認知地図の外在化の問題に関する一考察」『人文論究』42（2）：65-81. 1992.

安室知「【解題】特集「漁場図」を読む」を編むにあたって」神奈川大学日本常民文化研究所編『歴史と民俗』33：9-12. 平凡社. 2017.

リンチ、ケヴィン『都市のイメージ』（新装版）（丹下健三・富田玲子訳）. 岩波書店. 2020（2007）.

Akamine, Jun and Kazufumi, Nagatsu. Word and Sentence List for Sama/Bajau Languages. Research Report of "Natural Resource Management and Socio-Economic Transformation Under the Decentralization in Indonesia : Toward Sulawesi Area Studies"（平成16-平成18年度科学研究費補助金（基盤研究（A））研究成果報告書『インドネシア地方分権下の自然資源管理と社会経済変容――スラウェシ地域研究に向けて』（課題番号16252003）（研究代表者・田中耕司））. Part 4：429-465. 2007.

Downs, Roger. M., and David Stea, eds. Image & environment : Cognitive mapping and spatial behavior. Chicago. Aldene Publishing. 1973.

Nagatsu, Kazufumi. Maritime Diaspora and Creolization : Genealogy of the Sama-Bajau in Insular Southeast Asia. Senri Ethnological Studies. 95：35-64. 2017.

Youngman, Scott. *Summary of Bajau Lexicostatistics Project*（*through October 1989*）. Texas. Summer Institute of Linguistics. 2005.

Kamus Besar Bahasa Indonesia.〈https ://kbbi.kemdikbud.go.id〉（最終閲覧日2025年1月8日）.

第4章

魚類・漁場・目標物の民俗分類

　元漁師オチェの家には、ネコがいた。ダミ声でどっしり太った、ふてぶてしいキジトラ猫である。勝手に居着いているらしく、オチェはただ「メオ *meo*」と呼んでいた。「メオ」はサマ語で「ネコ」を意味する。一方で、インドネシア語では一般的にネコの鳴き声を「メオン *meong*」と表現する。どちらともとれるような音で、オチェは「メオ（ン）、メオ（ン）」と気まぐれに声をかけていた。

　あるとき、いつものようにオチェの家に向かって船着場の角を曲がると、オチェの隣の家で大きなエイがちょうど水揚げされたところだった。この家に住む老女、ンボ・サリ（ンボは年長者への敬称）の息子は、他村のサマ人漁師たちとエイ漁に出かけることが多く、ほとんど家にいない。代わりにンボ・サリとその親戚の女性たちがいつもこの角の杭上家屋に集まって、エイを解体しているのである。その日、ンボ・サリは親戚を呼びに出たのか留守にしていた。露台には尾の切られたエイがべろんと裏返しになり、ネムリブカが折り重なっていた。よく見ると、妙なサメが1匹、下敷

150

第 4 章　魚類・漁場・目標物の民俗分類

写真 4-1　ンボ・サリの家の露台に水揚げされたエイとサメ
（2017 年 8 月 31 日筆者撮影）

きになっていた。
　そのサメは、よくイメージされるような、背中が濃灰色で腹側が白っぽい、獰猛な顔つきの、つるんとした流線型のサメとはかなり異なる見た目をしていた。薄茶色のまだら模様で、くたびれたぬいぐるみのように扁平につぶれた体型に加えて、なんとも間の抜けた顔つきをしていた。同じサメでも随分と違うやつがいるものだ、とオチャに聞くと「これはカレオ・メオ kareo meo だ」という。サマ語で「カレオ」はサメ、「メオ」はネコを意味する。したがって、直訳すればこの茶色いサメは「ネコのサメ」ということになる。言われてみれば、カレオ・メオの口元にはヒゲのような短い皮弁がもしょもしょと生えていて、薄茶色のまだら模様もちょうどオチェの「メオ」のようだ。私には扁平な体型のほうが特徴的にみえたのだが、サマの人びとはこのヒゲからネコを連想して名づけたらしい。

151

写真 4-2　オオセ
（アクアワールド茨城県大洗水族館提供）

　カレオ・メオは、テンジクザメ目オオセ科オオセ属の仲間（*Orectolobus* spp.）である。オーストラリアやインドネシアを含む、太平洋西部とインド洋東部の暖かい海域に生息する。テンジクザメ目の英名はカーペットフィッシュ（carpet fish）といい、文字通りカーペットのように模様があり平たいことに由来する。やはりあの扁平体型は特徴的なのだ、と共感する。他方、オオセ科は英名でウォッベゴン（Wobbegong）というが、これはオーストラリア先住民アボリジニの言葉で「もじゃもじゃのひげ（shaggy beard）」を意味する［BBC Science Focus 2022］。こちらはタミレ村のサマ人と同様、カレオ・メオのヒゲに注目して名前をつけたようだ。

　ところでオオセ属の一種であるオオセ（*Orectolobus japonicus*）（写真 4-2）は、オオセ科のなかでは唯一、日本近海にも生息する種である。英名はジャパニーズウォッベゴン（Japanese wobbegong）と、アボリジニの言葉に基づいている。しかし、アボリジニの人々が独自の名前をつけたように、日本でも習慣的に使用される名前、つまり和名がある。オオセというのは、種

第 4 章　魚類・漁場・目標物の民俗分類

の学名に対応する固有かつ学術的な名称として定義される標準和名にあた
る。これとは別に、通俗的に各地で使用される名前（方名）もあり、実に
様々なものがある。「ネコザメ（熊本県）」や「ドジョウザメ（和歌山県）」
は、アボリジニやサマの人々と同様にオオセの皮弁に由来するものだろう。
色や模様に着目したものでは「マムシワニ（島根県）」や「オニウチノク
リ（鹿児島県）」などがある。英名カーペットフィッシュのように扁平な
体型に由来する方名は、意外にもほとんど見られない。

　同じサメの名前ひとつとっても、何を他と異なる特徴があると捉えるか、
どこが何に似ていると連想し見立てるか、ということはこれほどにも異な
る。自然環境を構成するものに対して名前をつけたり、それを他とは異な
るものとして区別したり、他に類するものとしてまとめたり、あるいは他
と結びつけたりするということは、その環境のなかで生きる人びとにとっ
て何を意味するのだろうか。

　序章で述べたように、命名行為とは、自然を利用して生きるための技術
や技能のなかでも、もっとも基本的な技術のひとつである。人間が命名を
おこなう場合、そこには人間が自然をどのように認識し、利用してきたか
ということが、自然物の民俗語彙として表れる。したがって、自然物の民
俗語彙やその分類は、人びとの環境認識と密接な関係があるといえる。た
とえば魚の民俗分類は、人が自然界の存在である魚に対して、恣意的な意
味づけ［秋道 1984：79］をおこなうことである。そうした恣意性の中に、
内在する文化の特性や価値の体系をみることができる。

　民俗分類を対象とした従来の認識人類学では、魚類や貝類、菌類、植物
など特定の名称体系に対して、資料の系統的な収集と民俗分類体系の抽出
を通じて、民俗分類体系の普遍性やその進化を論じることを目指していた
［松井 1983］。コンクリンによる語彙素分析や、バーリン・システムなどの
普遍的な方法論の確立は、分類体系をそれぞれ別の社会からとり出して、
それらを相互に対照させ、比較することを可能にした（序章）。

　しかし、同一言語の社会に目を向けてみると、たとえば自然環境につい
ての名称体系のみに限定しても、魚類や空間など様々なものがあることに

153

気づく。第2章および第3章で詳述してきたように、タミレ村のサマ人漁師たちは海底微地形に基づいて海の空間を分類し、ラナやティンプスなど漁場に適した空間を見分ける。さらに、天体や海底地形、離れ岩や岬、湾など、自然物を移動の手がかりとして三次元的に参照する。ことに半閉鎖性外洋系ともいうべき景観的特徴を有するバンガイ諸島周辺の多島海では、常に何かしらの目標物を視認することができる。かれらの海上ナヴィゲーションは、このような目標物（自然物）と目的地（漁場）との相対的な位置関係のなかに自己を見出す技法であった。

認識人類学や民族生物学が生物の名称や分類の体系を論じてきたように、田畑や漁場などの空間についての民俗分類学的研究も、民俗学や地理学を中心に多くの蓄積がある。しかし、自然を利用して生きるための技術や技能は、いずれかの生態学的知識のみに特化していればいいというわけではない。出漁して、目標物を参照しながら海上を移動し、漁場を特定して、魚を釣り、帰漁する。この出漁から帰漁までの漁撈の一連の行為のなかで、ナヴィゲーションはもっとも基本的なもののひとつである。生物や空間、さらには岩などの自然物の名称や分類は、ナヴィゲーション実践のなかで運用され、人びとの環境認識を反映する。したがって、海上移動を軸としてみれば、これらは本来ひとつの生業活動にかかわる民俗分類として統一的に捉えることのできるものである。

留意すべきことは、多くの魚介類や菌類、植物などとは異なり、これらの目標物や空間は手にとって、あるいは目の前でじっくり観察できるわけではないということだ。漁場、それもタミレ村の漁師が利用するような漁場にいたっては、海底が視認できない程度の深さであることが多く、漁場そのものはたいてい何ひとつ観察できない。しかし実際にかれらの海上ナヴィゲーションは、このような不可視なものも含めて、他とは異なるものとして見分けることで初めて成立する。

タミレ村のサマ人漁師たちは、さまざまな魚類や、手にとって観察できないような目標物、視認できないような海の空間に対して、どのように名前をつけているのだろうか。かれらの海上ナヴィゲーションを軸としてみ

第 4 章　魚類・漁場・目標物の民俗分類

たとき、これらに対する命名にはどのような特徴があり、どのような環境
認識を反映しているのだろうか。

　本章では、生物（魚類）・空間（漁場）・自然物（目標物）にそれぞれ付
与されるサマ語の名称（以下、方名）を収集し、その命名方法（nomenclature）
や民俗分類（folk taxonomy）の特徴を分析する。特に漁場や目標物の命名
については、海上ナヴィゲーションを実践する漁師の視点に基づいて、そ
の背景にある恣意性に迫る。最後に、これら相互の関係性を分析すること
で、生物・空間・自然物を含めた、海をめぐる民俗分類からみるサマ人漁
師たちの環境認識の総合的把握を試みる。

4-1 魚類

4-1-1　調査方法

　タミレ村の海産物市場は明け方から賑わいをみせる。深夜に出漁した漁
師たちが帰ってくると、水揚げされた漁獲物を妻や集荷人たちがそのまま
市場に運ぶ。市場で販売されているものは一般的に、タミレ村のなかで消
費される海産物だ。食卓で重宝されるアジ科の魚や、淡白でやわらかい身
が好まれる色とりどりのサンゴ礁棲の魚、また周辺の他民族集落ではあま
り好まれないような乾物のエイやサメもここではみられる。外海に生息す
る大型の回遊魚の一部は、体表面の傷が少なく身が詰まっているものは村
内の仲買人を通じてマカッサルなどの都市部へ運ばれる。換金性の高いハ
タ類や、近年価格が上昇しているタコ、アジ科のうち大型の魚種、ダイナ
マイト漁などにより大量に水揚げされた魚類なども同様で、村の市場には
基本的に流通しない。

　タミレ村の手釣り漁師たちは浅海から外海にかけての沿岸域で漁をおこ
なうため、集落周辺の浅海では滅多に見かけないような様ざまな魚類の名
前も知っている。しかし一般的には漁獲対象とならないような魚種は、漁

155

師宅や仲買人宅で待ち構えていても滅多に目にすることはない。もちろん市場や仲買人宅でみられる漁獲物だけでも相当な数があるとはいえ、調査期間中に観察できる魚種はどうしても偏ることになる。タミレ村のサマ人漁師たちの魚類全般に対する命名を把握するためには、直接手にとって（指をさして）尋ねることがむずかしい魚種についても対象として含める必要があった。

そこで、特定の漁師に図鑑を見せて網羅的に方名を聞き取るという方法を採ることにした[*1]。まず雌雄を区別したカラー図絵と英語標準名を掲載した図鑑［Lieske and Myers 2001］を見せて、それぞれの魚について計3名（漁師A、漁師F、漁師O）から聞き取りをおこなった。この他に、市場や船、仲買人宅等で実際に確認できた魚についてもその方名を聞き取った。

なお図鑑に掲載されたもののうち、明らかにバンガイ諸島周辺には生息していない種について方名が挙げられた場合には、漁師による同定に何らかの誤りがあると考えて、学名を記載することはせず、参考としてサマ語のみを記した。この際、魚種の生息地については、魚類に関する包括的なデータベース［FishBase］を参考にした。学名と標準和名の対応は、『日本近海産貝類図鑑』［奥谷編 2000］および『日本産魚類大図鑑《図版》』［益田ほか編 1984］、『食材魚貝大百科』1〜3巻［多紀ほか編 2000］を参考にした。また、実際に確認して写真を撮ることができたものについては、魚類の専門家である岩田明久教授（現・京都大学大学院アジア・アフリカ地域研究研究科名誉教授）に依頼して同定をおこなった。

4-1-2　魚類の命名

タミレ村の漁師が把握している魚類の方名について、エイやサメを含め

[*1]　本調査ではこのように網羅的に方名を収集することを第一の目的として図鑑を使用した。そのため、方名と並行してそれぞれの魚種の分類を聞き取った場合に、対象者が図鑑上の魚類分類学的な構成の影響を受ける可能性があった。そこで魚類の民俗分類については、同じ対象者に異なる場面での会話のなかで聞き取るに留めた。したがって本章の表 4-1 における大分類や小分類はやや偏りがあり、これをもとに分類方法を詳細に論じるには十分でない。

156

第 4 章　魚類・漁場・目標物の民俗分類

写真 4-3　水揚げされたシイラ
(2017 年 10 月 13 日著者撮影)

ると合計 288 個の方名が採集された（表 4-1）。

　まずタミレ村で使用されるサマ語の統合規則について述べておきたい。サマ語は、インドネシア語と同様に、後ろの語が前の語を形容する形で接続する。たとえば「白い・服」と表現する場合には、「バドゥ・ポテ badu pote（服・白）」となる。以下では、意味がわかりやすいよう（　）内は便宜的に語順を入れかえ、「バドゥ・ポテ budu pote（白い・服）」のように表記する。

　第 1 章で述べたように、タミレ村を含むインドネシア東部沿岸地域で話されているのはスラウェシ系サマ語である。表 4-1 で示した魚類の方名は、厳密にいえばこのバンガイ群（第 1 章）で用いられるスラウェシ系サマ語によるもの、ということになる。これまでに筆者が実施してきたインドネシア各地のサマ人集落における魚類方名の簡易的な聞き取り調査からは、

157

写真 4-4　仲買人宅で梱包されるハタの仲間
(2017 年 8 月 28 日著者撮影)

全国的におよそ共通した方名が用いられていることがわかっている。ただし、筆者は各集団間における魚類方名の差異にかんする統一的な方言調査を実施していない。

　他のサマ人集落での臨地調査に基づく先行研究のなかには、サマ語の魚類方名について記録したものもあり、タミレ村の事例と類似した例も少なくない。たとえばマレーシア・サバ州ボルネオ島のサマ語ではハタ科(Serranidae)が「*kerapu*」、エイ目（Rajiforms）が「*pahi*」であるが［小野 2011］、タミレ村では表 4-1 に示した通りそれぞれ「*kiapu*」と「*pai*」で、ほぼ共通した表現がみられる。他方で、サメ類（*Elasmobranchi*）が「*kalitan*」［小

写真 4-5　ブダイ科などの漁獲を運ぶサマの女性たち
(2017 年 9 月 15 日著者撮影)

野 2011]であるのに対してタミレ村では冒頭のように「*kareo*」である。このようにサマ人漁師にとっては基本的な語であると考えられる語にもかかわらず、まったく異なる表現のものもある。

　また次節でタミレ村の魚類方名の構造を詳述するように、ボルネオ島でも属詞をつけることによって種レベルでの命名が決定されている場合がある。たとえば生息地を示す属詞には、*halo*（礁池）や *s'llang*（外洋域）、*t'bbah*（潮間帯）、*batu*（岩場）などの語彙が頻繁にみられる［小野 2011］。第 3 章で述べたように、フィリピン・スールー諸島やボルネオ島沿岸域のようがサンゴ礁域におけるサマ語「*s'llang*」は、タミレ村の「*sillah*（外海）」にほぼ該当するが、その意味範囲は必ずしも合致しない。また、サンゴ礁を面的に細かく分類しないタミレ村の空間分類では、礁池 *halo* は一般的には用いられない。*t'bbah* についても、干潮時の旧集落周辺でウニや貝類を採集する行為を *nubba*（第 2 章）というものの、空間そのものに対する

表 4-1　タミレ村における魚類の方名

大分類	上位包括名	下位包括名	個別名	語彙素	学名	和名	観察確認	同定
suntun			kenda	第一次・単一	*Uroteuthis* sp.	ケンサキイカ属の一種	○	
			kalabutang	第一次・単一	*Sepioteutbis lessoniana*	アオリイカ	○	○
	quitta		quitta	第一次・単一	Octopodidae sp.	マダコ科の一種	○	
	pai		pai mano	第二次	*Aetobatus narinari*	マダラトビエイ		
			pai kiampou	第二次	*Taeniura lymma*、*Dasyatis kuhoii*	マダラエイ、ヤッコエイ		
			pai andaramang	第二次	Myliobatidae spp.	トビエイ科の複数種		
			pai tangoloh	第二次	*Taeniura melanospilos*	マダラエイ	○	○
			pai rarang	第二次	*Himantura uarnak*	ヒョウモンオトメエイ		
			pai sunsun	第二次	*Rhinoptera javanica*	ウシバナトビエイ		
			pendoh	第二次	Rhinobatidae sp.	サカタザメ科の一種		
			pai mondo	第二次	Dasyatidae sp.	アカエイ科の一種		
			saranga	第一次・単一	*Manta birostris*	オニイトマキエイ		
			tompah	第一次・単一	*Aetobatus narinari*	マダラトビエイ		
			sambang	第一次・単一	Myliobatidae sp.	トビエイ科の一種		
			pepasa	第一次・単一	Myliobatiformes sp.	トビエイ目の一種		
	kareo		kareo mangali	第二次	*Galeocerdo cuvier*	イタチザメ		
			nunah	第一次・単一	*Rhinchobatus djiddensis*	トンガリサカタザメ		
			bingkoh	第一次・単一	*Sphyrna mokarran*	ヒラシュモクザメ		
			laluu	第一次・単一	*Carcharhinidae* spp.	レモンザメ、ネムリブカ		

第4章　魚類・漁場・目標物の民俗分類

	tarang tik-olok	第一次・複合	Sphyrnidae sp.、 Carcharhinidae spp.	シュモクザメ科の一種、メジロザメ科の複数種		
	tungang	第一次・単一	*Carcharhinus melanopterus*	ツマグロ		
	simbroh	第一次・単一	Carcharhinidae sp.	メジロザメ科の一種		
	raro	第一次・単一	*Carcharhinus albimarginatus*	ツマジロ		
	ngurape	第一次・単一	*Carcharhinus longimanus*	ヨゴレ		
	antugang	第一次・単一	Carcharhinidae spp.	メジロザメ科の複数種		
	panuhu	第一次・単一	*Carcharhinus falciformis*	クロトガリザメ		
	kareo meo	第二次	*Orectolobus* spp.	オオセ属の複数種	○	○
	manissak	第一次・単一				
	manawang	第一次・単一				
	balidang	第一次・単一	*Stegastoma fasciatum*	トラフザメ		
	dede	第一次・単一	*Rhincodon typus*	ジンベエザメ		
	balujju	第一次・単一				
	kareo panawan	第一次・複合				
	binko	第一次・単一	Sphyrnidae spp.	シュモクザメ科の複数種		
	tokke	第一次・単一	*Hemiscyllium* spp.	モンツキテンジクザメ属の複数種		
	keramba	第一次・単一	*Chiloscyllium* spp.	テンジクザメ属の複数種		
	kareo batu	第二次		（ネムリブカ）	○	△
ndoh	ndoh	第二次	*Gymnothorax* spp.	ウツボ属の複数種		
	ndoh kuneh	第二次	*Rhinomuraena* sp.	ハナヒゲウツボ属の一種		
	ndoh abu	第二次	*Echidna* spp.、 *Enchelycore* spp.	アラシウツボ属の複数種、トラウツボ属の複数		

161

				種		
	ndoh bitte	第二次	*Echidna* spp.、*Enchelycore* spp.	アラシウツボ属の複数種、トラウツボ属の複数種		
	ndoh sillah	第二次	Muraenidae spp.	ウツボ科の複数種		
	ndoh pan-ganguang	第二次	*Gymnomuraena zebra*	ゼブラウツボ		
dayah boneon kiapu	*lankoe*	第一次・単一	*Cheilinus undulatus*	メガネモチノウオ		
	kiapu talun-soh	第二次	*Cromileptes altivelis*	サラサハタ		
	kiapu tubbo mano	第二次	*Cephalopholis* sp.	ユカタハタ属の一種		
	kiapu loong	第二次	*Cephalopholis* sp.	ユカタハタ属の一種		
	kiapu talloh	第二次	*Anyperodon leucogrammicus*	アズキハタ		
	kiapu badu kaos	第二次	*Cephalopholis boenak*	アオスジハタ		
	tanggoloh	第一次・単一	*Cephalopholis* sp.	ユカタハタ属の一種		
	kiapu palea	第二次	*Cephalopholis* sp.	ユカタハタ属の一種		
	kiapu kukku mireh	第二次	*Cephalopholis sonnerati*	アザハタ		
	kiapu tangoloh	第二次	*Epinephelus* sp.	マハタ属の一種		
	kiapu subbo	第二次	*Epinephelus* spp.	マハタ属の複数種		
	kiapu bunga baru	第二次		（ニジハタ）	○	△
	kiapu karambak	第二次	*Epinephelus* sp.	マハタ属の一種		
	kiapu kabah	第二次	*Epinephelus* sp.	マハタ属の一種		
	kiapu tonku	第二次				
	kiapu mireh	第二次	*Cephalopholis* spp.	ユカタハタ属の複数種		
	kiapu kkouak	第二次			○	
	kiapu igah	第二次	*Cephalopholis* sp.	ユカタハタ属の一種		

	gutilah	第一次・単一				
	kiapu bittekang	第二次				
	kiapu kukku	第二次	*Cephalopholis* sp.	ユカタハタ属の一種	○	△
balem-bang	*bangullus*	第一次・単一	*Albula* sp.	ソトイワシ属の一種		
	bandah	第一次・単一	*Elops* sp.、*Chanos chanos*	カライワシ属の一種、サバヒー		
	balakebo	第一次・単一	*Albula vulpes*、*Megalops cyprinoides*	ソトイワシ、イセゴイ		
	balambang	第一次・単一	*Hyporhamphidae* sp.	サヨリ科の一種		
	tampai	第一次・単一	*Hemiramphus far*	ホシザヨリ		
bubala	*lamuru*	第一次・単一	*Carangoides* sp.	ヨロイアジ属の一種		
	mangali	第二次	*Carangoides* spp.、*Gnathanodon speciosus*	ヨロイアジ属の複数種、コガネシマアジ		
	landia	第一次・単一	*Carangoides fulvoguttatus*	ホシカイワリ	○	
	kalanpeto	第一次・単一	*Carangoides orthogrammus*	ナンヨウカイワリ		
	bukulang	第一次・単一	*Seriola dumerili*、*Seriola rivoliana*	カンパチ、ヒレナガカンパチ		
	mamuru	第一次・単一				
	bubala batu	第一次・単一	*Caranx* sp.	ギンガメアジ属の一種		
	dayah nyubbak nyulloh	第二次	*Caranx* sp.	ギンガメアジ属の一種	○	
	ingatang	第一次・単一				
	dayah nyubbak pote	第二次				

pogo	*ampala mayoh*	第二次	*Melichthys niger*	ソロイモンガラ		
	pogo momi	第二次	*Melichthys* spp.	ソロイモンガラ属の複数種		
	ampala kubah	第二次	*Pseudobalistes* spp.、*Balistoides conspicillum*	キヘリモンガラ属の複数種、モンガラカワハギ		
	pogo	第二次	*Sufflamen fraenatus*	メガネハギ		
	ampalaq	第二次	*Abalistes stellatus*	オキハギ		
	ampalaq gileh	第二次	*Balistes* spp.、*Canthidermis* sp.、*Aluterus scriptus, Aluterus* sp.	ケショウカワハギ属の複数種、アミモンガラ属の一種、ウスバハギ属の一種		
	ampalaq ladeh	第二次	*Canthidermis maculatus*	アミモンガラ		
	pogo loong	第二次	*Odonus niger*	アカモンガラ	○	△
	karupu	第一次・単一	*Rhinecanthus* spp.	ムラサメモンガラ属の複数種		
	pogo pote	第二次	*Sufflaman bursa*	ムスメハギ		
	epe	第一次・単一	*Monacanthidae* spp.	カワハギ科の複数種		
tatape	*tatape*	第二次	Microcanthidae spp.、Chaetodonthidae spp.、Pomacanthidae spp.、Acanthuridae spp.	カゴカキダイ科の複数種、チョウチョウウオ科の複数種、キンチャクダイ科の複数種、ツノダシ科の複数種、ニザダイ科の複数種		
	tape lamaanjoh	第二次	*Heniochus* spp、*Zanclus cornutus*	ハタタテダイ属の複数種、ツノダシ		
	tape bulan	第二次				
	tape kuneh	第二次				
	tape igah	第二次				
	kiddoh	第一次・単一	*Acanthurus* spp.	クロハギ属の複数種		
	sipi	第一次・単一	*Paracanthurus hepatus*	ナンヨウハギ		

第4章　魚類・漁場・目標物の民俗分類

	tape tambako	第二次	Zebrasoma veliferum	ヒレナガハギ
sunu	sunu bulang	第二次	Plectropomus sp.	スジアラ属の一種
	sinurang	第一次・単一	Plectropomus spp.	スジアラ属の複数種
	sunu mireh	第二次	Plectropomus leopardus	スジアラ
	sunu cambah	第二次	Plectropomus sp.	スジアラ属の一種
mogoh	mogoh angke	第二次	Bolbometopon sp.、Chlorurus sp.	カンムリブダイ属の一種、ハゲブダイ属の一種
	mogoh borah	第二次		
	mogoh loong	第二次	Scarus sp.	アオブダイ属の一種
	mogoh batu	第二次	Calotomus sp.	ブダイ属の一種
	mogoh pote papa	第二次		
	mogoh samboh	第二次		
bese	bese labbu	第二次	Apogonidae spp.	テンジクダイ科の複数種
	bese panka	第二次	Apogonidae spp.	テンジクダイ科の複数種
	bese mireh	第二次	Priacanthus hamrur	ホウセキキントキ
	bese	第二次	Apogonidae spp.、Cirrhitidae spp.、Priacanthidae spp.	テンジクダイ科の複数種、ゴンベ科の複数種、キントキダイ科の複数種
	bese tanggiri	第二次	Apogonidae spp.	テンジクダイ科の複数種
	bese tayung	第二次	Sphaeramia nematoptera	マンジュウイシモチ
dodoh	dodoh sariau	第二次	Acanthurus spp.	クロハギ属の複数種
	dodoh pote enko	第二次	Acanthurus spp.	クロハギ属の複数種
	dodoh tambako	第二次		
lumis	lumis	第一次・	Canthigaster	キタマクラ属の

165

		単一	spp.	複数種		
	gurisan	第一次・単一	Tetraodontidae spp., Diodontidae spp.	フグ科の複数種、ハリセンボン科の複数種		
	konke	第一次・単一	Diodontidae spp.	ハリセンボン科の複数種		
pello	*pello*	第二次	Labridae spp., Pseudochromidae spp.	ベラ科の複数種、メギス科の複数種		
	pello bunsu	第二次	Labridae sp.	ベラ科の一種		
	lampe	第一次・単一	*Labropsis manabei*	マナベベラ		
kumei	*kumei batu*	第二次	*Naso* sp.	テングハギ属の一種		
	kumei lamkopa	第二次	*Naso* spp.	テングハギ属の複数種		
	kumei anjongang	第二次	*Naso* spp.	テングハギ属の複数種		
	kumei kuneh bittah	第二次				
	kumei chonkah	第二次	*Naso lopezi*	ナガテングハギモドキ		
	kumei bilawwis sillah	第二次	*Naso* spp.	テングハギ属の複数種		
	kumei pote	第二次				
tanggiri	*tanggiri*	第二次	*Scomberomorus* spp.	サワラ属の複数種		
	tanggiri batah	第二次				
turingah	*turingah*	第二次				
	turinga tanga	第二次		（スマ、ヒラソウダ）	○	△
	turinga madiki	第二次				
	mambulo		*Gymnosarda unicolor*	イソマグロ	○	○
	deho	第一次・単一				
babakal	*karoo*	第一次・単一	Holocentridae spp.	イットウダイ科の複数種		

	lambe subbo	第二次	Sargocentron diadema	ニジエビス
	lambe	第二次	Myripristis amaena	アメマツカサ
	babakal	第二次	Myripristis adusta	ツマグロマツカサ
bilawwis	bilawwis sillah	第二次	Siganus argenteus	ハナアイゴ
	bilawwis samo	第二次	Siganus spp.	アイゴ属の複数種
	bilawwis karangan	第二次	Siganus spinus	アミアイゴ
laundung	laundung burinti	第二次	Plector-hinchus spp.	コショウダイ属の複数種
	luppe	第一次・単一	Diagramma sp.	コロダイ属の一種
	laundung pangotek	第二次	Plector-hinchus spp.	コショウダイ属の複数種
pipili	pipili	第二次	Caranx sex-fasciatus	ギンガメアジ
	pili kuneh	第二次		
kambulle	kambulle kapur	第二次	Caesio caerulaurea	ササムロ
	kambulle curaan	第二次	Pterocaesio spp.	タカサゴ属の複数種
	kambulle kuneh	第二次	Caesio sp.	タカサゴ属の一種
	kambulle kondoh	第二次	Caaesio lunaris	ハナタカサゴ
	manchon buloh	第二次	Caesionidae spp.、Lutjani-dae spp.	タカサゴ科の複数種、フエダイ科の複数種
	kambulle makkondo	第二次	Pterocaesio sp.	タカサゴ属の一種
	kambulle toraja	第二次	Pterocaesio spp.	タカサゴ属の複数種
	kambulle rembeng	第二次	Caesionidae spp.	タカサゴ科の複数種
ddo	ddo	第二次	Pomacanthi-dae spp.	キンチャクダイ科の複数種
	ddo benbe	第二次	Pomacanthus sexstriatus	ロクセンヤッコ

	ddo bulan	第二次	*Pomacanthus annularis*	ワヌケヤッコ	
kelalas	*kelalas*	第二次	*Abudefduf* spp.	オヤビッチャ属の複数種	
	kelalas mondo	第二次	*Abudefduf septemfas-ciatus*	シチセンスズメダイ	
	dayah macan	第一次・複合			
	kelalas batu	第二次	*Abudefduf* spp.	オヤビッチャ属の複数種	
	kelalas kuneh	第二次			
	kelalas mondoh	第二次			
	kelalas nyulloh	第二次			
tari gongoh	*tari gongoh*	第二次	*Aulostomus* sp.、*Fistularia* sp.	ヘラヤガラ属の一種、ヤガラ属の一種	
	tari gongoh tokek	第二次	Aulostomidae sp.	ヘラヤガラ科の一種	
tannon-dok	*tannondok jalan*	第二次	*Hippocampus histrix*	イバラタツ	
	tannondok	第二次	*Hippocampus* spp.	タツノオトシゴ属の複数種	
bubui	*bubui*	第二次			○
	bubui gusoh	第二次	*Decapterus macarellus*	クサヤモロ	
kalampe-da	*kalampeda*	第二次	Pleuronecti-formes spp.	カレイ目の複数種	
	kalampeda kurah	第二次			
	kalampeda gusoh	第二次	Bothidae sp.	ダルマガレイ科の一種	
sambela	*sambela*	第一次・単一	Siluridae spp.	ナマズ科の複数種	
tueh	*tueh*	第一次・単一	Exocoetidae spp.	トビウオ科の複数種	
	popontu	第一次・単一			
	manggila	第一次・			

第4章　魚類・漁場・目標物の民俗分類

	単一				
bisiparai	第一次・単一				
rampa	第一次・単一				
timbungang	第一次・単一	Mullidae spp.	ヒメジ科の複数種		
kiampou					
malelah	第一次・単一				
timbaloah	第一次・単一	*Tylosurus crocodilus* 、 *Strongylura incisa*	オキザヨリ、リュウキュウダツ		
guntur	第一次・単一	*Aprion virescens*	アオチビキ	○	
paplo samo	第二次	*Sphyraena flavicauda*	タイワンカマス		
paplo	第二次	*Sphyraena* spp.	カマス属の複数種		
dayah kela-las	第一次・複合				
doh					
baleke	第一次・単一	*Plector-hinchus lineatus*	シマコショウダイ		
bonte sillah	第二次	Mugilidae spp.	ボラ科の複数種		
bonte	第二次			○	
endru-endru	第一次・単一	*Variola* spp.	バラハタ属の複数種	○	○
bobol	第一次・単一				
bangban-gang	第一次・単一	*Lutjanus* spp.	フエダイ属の複数種		
dayah rumah	第　次 複合				
soa lana	第一次・複合	*Gymnothorax* sp.	ウツボ属の一種		
ruma	第一次・単一				
temudak	第一次・単一				
ahaang	第一次・単一	*Lutjanus bohar*	バラフエダイ		

169

insanpera	第一次・単一		
manila	第一次・単一	*Plectorhinchus* sp.	コショウダイ属の一種
dayah sangai	第一次・複合	*Plectorhinchus* spp.、*Lutjanus* spp.	コショウダイ属の複数種、フエダイ属の複数種
tirisan	第一次・単一	*Plectorhinchus* sp.	コショウダイ属の一種
tambakang	第一次・単一	*Trachinotus bailloni*	コバンアジ
tongak	第一次・単一	*Carangoides dinema*	イトヒラアジ
dayah mano	第一次・単一	*Scomberoides* spp.	イケカツオ属の複数種
tintah	第一次・単一	*Selaroides leptolepis*	ホソヒラアジ
lamura	第一次・単一	*Carangoides* spp.	ヨロイアジ属の複数種
pipiri kuneh	第一次・複合	*Carangoides bajad*	コガネアジ
baddoh	第一次・単一	*Alectis indicus*、*Alectis ciliaris*	ウマヅラアジ、イトヒキアジ
sulaiasah	第一次・単一	*Macolor niger*	マダラタルミ
sageh babah	第二次	*Lutjanus* spp.	フエダイ属の複数種
sageh	第二次		
dapa	第一次・単一	*Lutjanus gibbus*	ヒメフエダイ
bangeke	第一次・単一	*Lutjanus argentimaculatus*	ゴマフエダイ
banguntuq kuneh	第二次	*Mulloidichthys martinicus*	
banguntuk	第二次	*Mulloidichthys flavolineatus*、*Mulloidichthys vanicolensis*	モンツキアカヒメジ、アカヒメジ
bulu ari	第一次・単一	*Upeneus* spp.	ヒメジ属の複数種
selo	第一次・単一	*Parapriacanthus ransonneti*、*Pempheris*	キンメモドキ、ハタンポ属の複数種

第4章　魚類・漁場・目標物の民俗分類

		spp.		
ilak	第一次・単一	*Kyphosus* spp.	イスズミ属の複数種	
buna	第一次・単一	*Platax* spp.、*Monodactylus argenteus*	ツバメウオ属の複数種、ヒメツバメウオ	○
ketah	第一次・単一	*Drepane punctata*、*Scatophagus argus*	ユウダチスダレダイ、クロホシマンジュウダイ	
sumpitan	第一次・単一			
tibok	第一次・単一	*Centropyge* spp.、*Chromis* spp.	アブラヤッコ属の複数種、スズメダイ属の複数種	
dayah kinsan	第一次・複合	*Amphiprion* spp.	クマノミ属の複数種	
sammal	第一次・複合	*Bodianus* spp.	タキベラ属の複数種	
bukalan sillah	第二次	*Choerodon* spp.	イラ属の複数種	
bukalan samo	第二次	*Choerodon anchorago*	クサビベラ	
lampa	第二次	Labridae sp.	ベラ科の一種	
lampa bora	第二次	*Cheilinus* spp.	モチノウオ属の複数種	
pangaluang	第一次・単一	*Sphyraena* spp.	カマス属の複数種	
lenko	第一次・単一	*Sphyraena* spp.	カマス属の複数種	
pocci	第一次・単一	*Parapercis* spp.	トラギス属の複数種	
dayah darak	第一次・複合	Opistognathidae spp.、Uranoscopidae spp.、Trichonotidae spp.、Tripterygiidae spp.	アゴアマダイ科の複数種、ミシマオコゼ科の複数種、ベラギンポ科の複数種、ヘビギンポ科の複数種	
mangilala	第一次・単一	*Siganus* spp.	アイゴ属の複数種	
berra	第一次・単一	*Siganus* spp.	アイゴ属の複数種	
rumah	第一次・	*Rastrelliger*	グルクマ	

171

	単一	*kanagurta*			
chochoreng	第一次・単一	*Lactoria* spp.	コンゴウフグ属の複数種		
taburroh	第一次・単一	Ostraciidae spp.	ハコフグ科の複数種		
toto	第一次・単一	Gobiidae spp.、Triptery-giidae spp.、Labrisomidae spp.	ハゼ科の複数種、ヘビギンポ科の複数種、ラブリソムス科の複数種		
tanjulu	第一次・単一				
beseh	第一次・単一				
tembah	第一次・単一				
jalah gigi	第一次・複合				
ngongoh	第一次・単一				
kalimemmek	第一次・単一	*Antennarius* spp.	カエルアンコウ属の複数種		
kalupoh	第一次・単一				
tambalekeh	第一次・単一				
babala	第一次・単一				
pote mata	第一次・複合	*Gerres acinaces*	ツッパリサギ		
bontai	第一次・単一	*Rachycentron canadum*	スギ		
gummi	第一次・単一	*Echenesis* sp.	コバンザメ属の一種		
dayah buloh	第一次・複合	*Alectis ciliaris*	イトヒキアジの稚魚		
tampa kanbonda	第一次・複合				
tampakan	第一次・単一				
gagade	第一次・単一	*Selar crumen-ophthalmus*	メアジ		
urouro	第一次・単一	*Elagatis bipinnulata*	ツムブリ	○	○
lamadah	第一次・	*Coryphaena*	シイラ	○	○

	単一	*hippurus*	
dayah meyah	第一次・複合	*Caranx lugubris*	カッポレ
marapas	第一次・単一	*Lutjanus* sp.	フエダイ属の一種
sumpeh lea	第一次・複合	*Lutjanus* sp.	フエダイ属の一種
dayah tanah	第一次・複合	*Lutjanus* spp.	フエダイ属の複数種
kurindan	第一次・単一		
pandang-nang	第一次・単一		
ulapai	第一次・単一		
kouak	第二次		
ddiu	第一次・単一	Blenniidae spp.、Chaenopsidae spp、Callionymidae spp.、Microdesmidae spp.、Gobiidae spp.	イソギンポ科の複数種、コケギンポ科の複数種、ネズッポ科の複数種、オオメワラスボ科の複数種、ハゼ科の複数種
chonkah	第二次		
sembelah	第一次・単一	Plotosidae spp.、Ophidiidae spp.	ゴンズイ科の複数種、アシロ科の複数種
papangau	第一次・単一	*Papilloculiceps longiceps*	
laroh	第一次・単一	Scorpaenidae spp.	フサカサゴ科の複数種
simbula	第一次・単一	*Luzonichthys waitei*、*Nemanthias carberryi*、*Pseudanthias* spp.	ミナミハナダイ、スレッドフィン・アンティアス、ナガハナダイ属の複数種
dayah subbo	第一次・複合	*Pseudanthias* spp.、*Rabaulichthys* spp.、*Serranocirrhitus* sp.、*Liopropoma* spp.	ナガハナダイ属の複数種、ホカケハナダイ属の複数種、ハナゴンベ属の一種、ハナスズキ属の複数種

balloa	第一次・単一	*Plesiops* spp.	タナバタウオ属の複数種		
semiun	第一次・単一	*Diploprion bifasciatum*	キハッソク		
garensen	第一次・単一			○	
tudoh basoh	第二次・複合		（ヨロイアジ属）	○	△
kokkoreh	第一次・単一	*Terapon jarbua*	コトヒキ		
bebete	第一次・単一	*Leiognathus equula*	セイタカヒイラギ		
salome	第一次・単一				
dayah maruebandah	第一次・複合				
darua	第一次・単一				
layaran	第一次・単一	*Istiophorus platypterus*	バショウカジキ		

表2　タミレ村の漁撈で利用される魚種および生物種
○：確認／同定できたもの、△：図鑑を用いた回答は得られなかったが、確認と同定ができたもの、（　）：△の場合に同定された名前
（現地調査をもとに筆者作成）

名詞は出てこない[*2]。このように魚類方名には、環境条件や人びとの捉え方、また他の空間や生物の名称体系が反映されることがある。

4-1-3　語彙の構造と構成要素

　表4-1で示した魚類方名をみてみると、複数の語からなる名称が多いことがうかがえる。　たとえばンドー・シッラー *ndoh sillah* についてみると、ンドーはウツボ科、シッラーは外海にあたる海域（第3章）を意味し、ここに生息するウツボ科の複数種を指す。キアプ・ミレー *kiapu mireh* は、「赤

----

*2　ただし、第3章における空間分類の調査はタミレ村の漁撈活動として最も一般的な手釣り漁に従事するサマ人漁師たちを対象としている。ここでは日々のおかず採りとして潮間帯で採集活動をおこなう女性たちを対象とした魚類方名の調査は実施していない。

第 4 章　魚類・漁場・目標物の民俗分類

表 4-2　サマ語の魚類方名における表現語彙素

語彙素の表現	サマ語の語彙素
生息場所	バトゥ *batu*（岩）、シッラー *sillah*（外海）、ラナ *lana*（堤のように盛り上がった海底）、グソー *gusoh*（砂）、ダラック *darak*（「陸的」空間）、サモ *samo*（海藻）、タナー *tanah*（島棚）
色彩	ミレー *mireh*（赤）、ニュッロー *nyulloh*（青）、ロオン *loong*（黒）、ポテ *pote*（白）、クネー *kuneh*（黄）、アブ *abu*（灰）
形質	ブラン *bulan*（月）、メオ *meo*（猫）

現地調査をもとに筆者作成

い・キアプ（ユカタハタ属）」を意味し、ユカタハタ属の複数種を指す。冒頭で述べたようにカレオ・メオ *kareo meo* は「ネコ・サメ」を意味し、ネコのヒゲのような形質のあるオオセ属の複数種のことである。このように、魚類の特徴を表現する語彙には、①生息場所に由来するもの、②色彩に由来するもの、③形質に由来するものがある（表4-2）。

　①生息場所は、特に空間に対する民俗分類とかかわる語彙がみられた。言及されることのある語は、バトゥ *batu*（岩）、シッラー *sillah*（外海）、ラナ *lana*（堤のように盛り上がった海底）、グソー *gusoh*（砂）、ダラック *darak*（「陸的」空間）、サモ *samo*（海藻）、タナー *tanah*（島棚）、スッボ *subbo*（サンゴ礁域）の 8 種である。第 4 章で詳述した外海シッラーや海底堤ラナ、「陸的」空間ダラッ、島棚タナーのように、サマ語に特有の空間分類の名称が魚類方名の属詞に用いられていることがうかがえる。サンゴ礁域スッボはタミレ村の周辺にはほとんど見られないため空間分類の調査では確認されなかったが、魚類方名の調査によって確認された語彙である。

　②色彩について言及されることのある語彙は、ミレー *mireh*（赤）、ニュッロー *nyulloh*（青）、ロオン *loong*（黒）、ポテ *pote*（白）、クネー *kuneh*（黄）、アブ *abu*（灰）の 6 種である。

　③形質について言及されることのある語彙は、ブラン *bulan*（月）とメオ *meo*（ネコ）である。

　つづいて、それぞれの語彙の要素がどのように構成されているのかを分

175

析する。

　表4-2で示した通り、採集された語彙は、まず魚類全体を指すダヤー dayah（魚）と、パイ pai（エイ）、カレオ kareo（サメ）、クイッタ quitta（タコ）やスントゥン suntun（イカ）などに大きく分けられる。魚類ダヤーに含まれる個々の方名は245例、パイ（エイ）は12例、カレオ（サメ）は22例であった。クイッタ（タコ）については、調査期間中に筆者がこれ以上に細かい方名を採集することはなかった。

　本書では、魚類の民俗語彙について、それ以上分類されない方名、つまり聞き取りにおいてそれぞれの種に対して付与された方名を個別名と呼ぶ。そして、いくつかの方名を包括する語彙を下位包括名、さらに複数の下位包括名を包括する語彙を上位包括名、複数の上位包括名を包括する語彙を大分類と呼ぶことにする。したがって、ダヤー（魚）やカレオ（サメ）は大分類に相当する。ただし、すべての方名にそれぞれの包括名（上位包括名、下位包括名、大分類）にあたる語彙があるわけではない。たとえばクイッタは個別名であるが、タミレ村で知られている主なタコはワモンダコ（Octopus cyanea）とみられるマダコ科の一種しかなく、クイッタに分類される他の個別名も確認されなかった。また、個別名クイッタより上位の、独自の包括名も確認されなかった。このような場合、個別名がそのまま上位／下位包括名や大分類となっている。

　本章のための調査では、全ての包括名や分類基準について記録することはせず、個別名を収集することを目的とした。そこで本節では、収集した個別名について、その語彙がどのように構成されているか、どのような情報と結びつけて命名されているかということに焦点をあてて分析する。

　タミレ村のサマ語の魚類方名の構造を図4-1に示す。民俗分類の語彙素分析について著名な研究として、バーリンらによるマヤ系言語の語彙素分析が挙げられる［Berlin *et al.* 1968］。バーリンらによれば、語彙素（lexeme）は第一次語彙素（primary lexeme）と第二次語彙素（secondary lexeme）に分けられる［Berlin *et al.* 1973］。第一次語彙素とは、単一（unitary）でそれ以上には分解することのできない（unanalyzable）語彙と、分解可能（analyzable）

第4章　魚類・漁場・目標物の民俗分類

```
        ┌ ┌ 分解不可能・単一的……（例）dayah（魚），kareo（サメ）
 第一次語彙素 ┤
        │ └ 分解可能・複合的……（例）dayah subbo（ハナダイ科の複数種）
        │
        └ 第二次語彙素……（例）kareo meo（オオセ属の複数種），kiapu subbo（マハタ属の一種）
```

現地調査をもとに筆者作成

図 4-1　サマ語の魚類方名の構造

で複合的（composite）な語彙に分けられる。単一で分解不可能な語彙とは、サマ語におけるダヤー（魚）やカレオ（サメ）のように、これ以上分解することができず、単独で意味をもっている語彙を指す。一方、分解可能で複合的な語彙とは、ハナダイ科の複数種を指すダヤー・スッボ dayah subbo（サンゴ礁・魚）のように、2つ以上に分解することができる語彙を指す。

　分解可能な語彙は、さらに2つに分けられる。1つ目は、複合的な語彙素から構成される個別名に、個別名よりもはるかに包括的な語彙素が含まれているものであり、バーリンの語彙素分析では、これを生産的（productive）なものと表現している。サマ語では、ダヤー・スッボがこれにあたり、「スッボ（サンゴ礁域）」に生息する「ダヤー（魚）」を意味する。ここにおいてダヤー（魚）は大分類であり、個別名よりもはるかに包括的な語彙である。

　複合的な語彙素が個別名を包括するような語彙ではない場合、バーリンの語彙素分析では、これを非生産的（unproductive）なものと表現している。これに分類されるサマ語の魚類名は極端に少ない。たとえばタラン・ティコロッ tarang tikolok（シュモクザメ科の一種、メジロザメ科の複数種）がこれにあたり、「鋭い・頭」を意味する。

　一方、第二次語彙素は、複合的で分解可能であるが、個別名の構成要素のなかに、直接一段階上位の包括名が含まれている。サマ語では、「サメ・ネコ」を意味するカレオ・メオ kareo meo（オオセ属の複数種）や、「サンゴ礁域・キアプ（ハタの類）」を意味するキアプ・スッボ kiapu subbo（マハタ属の一種）が挙げられる。

　このように、タミレ村のサマ語の魚名における語彙素の構成は、(1)第一次語彙素（分解不可能・単一）、(2)第一次語彙素（分解可能・複合的・生産的）、

177

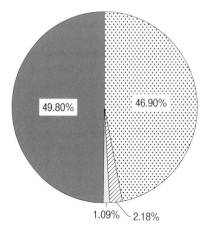

⊡ (1)第一次語彙素（分解不可能・単一的）
▨ (2)第一次語彙素（分解可能・生産的）
☐ (3)第一次語彙素（分解可能・非生産的）
▓ (4)第二次語彙素

現地調査をもとに筆者作成

図 4-2　サマ語の魚名における語彙素構造の割合

(3)第一次語彙素（分解可能・複合的・非生産的）、(4)第二次語彙素に分類することができる。

　表 4-1 をもとにサマ語の魚名における語彙素構造の割合を示す（図 4-2）。図 4-2 をみると、分解不可能で単一的な第一次語彙素による個別名と、第二次語彙素による個別名がそれぞれ約半数の割合を占め、タミレ村の魚類方名における 2 つの傾向として指摘できる。言い換えれば、ある特定の魚種（ただし複数種を含む）を表す個別名と、下位包括名＋表現語彙素による属詞による個別名が同じ程度で用いられるのである。

4-2　漁場

　第 2 章で述べた通り、タミレ村の漁師が利用することのある漁場は約 29 ヶ所が確認された。そのほかに個人で秘匿している漁場や、特定の場所として認識はされているものの固有の名前をもたない漁場が利用されている可能性もある。漁師によっては、特に命名しているわけではないが自分が発見した好漁場を秘匿していると話す者もわずかながらいた。しかし、より多くの場合、新しい漁場が発見されると、他の漁師たちにすぐ共有される。また、日常的に「今日はどこそこの漁場が釣れる／釣れない」という情報がやりとりされる[*3]。このように、漁場名の知識は個人のものである

第4章　魚類・漁場・目標物の民俗分類

と同時に、集団間で共有されるためのものでもある。

　また、調査で確認された29ヶ所の漁場についても、利用頻度にはかなりムラがある。タミレ村の漁師たちに、普段よく利用する漁場を尋ねたり、帰漁後に実際に利用した漁場を尋ねたりしても、すべての漁場が満遍なく利用されているわけではない。ペレン島北部などの漁場は年間を通してほとんど使われていない一方、季節によって利用者に増減のある漁場、季節や天候を問わず多くの漁師が集まる漁場など様々なものがある。なかには年配の漁師の多くが把握しているにも関わらず、年間を通して利用者の少ない漁場もある。この漁場は帆船ボロトゥで漁をしていた時代にはよく利用されていた。しかしエンジンの導入によって別の漁場に行く機会が増え、現在ではわざわざ燃油コストをかけてまで行くところではなくなった。

　漁場に対する名称の調査は、第3章のスケッチマップ調査と一部並行しておこなわれ、漁師A、漁師F、漁師Oと元漁師オチェから聞き取った。このほかに、任意の漁師を対象におこなった漁撈ルートのGPS追跡調査において、出漁前と帰漁後の聞き取り調査時に直接訪問し、出漁予定の漁場と実際に出漁した漁場を聞き取った。漁場の名称について漁師間で回答が異なることはほとんど確認されなかった。

　表4-3に、それぞれの漁場の名称とその意味、空間分類に基づく4つの類型（第3章）を示す。

　漁場については、包括名がなく、語彙素に段階の上下がないため、バーリン・システムによる分類の分析には適さないことが明らかであった。そ

＊3　漁場へのアクセス権についての取り決めがほとんどないことは、どこの漁場でも十分な漁獲が得られるという海洋資源に対する信頼感の表れでもある。マダガスカル島のヴェズ漁師について調査した飯田は、海に無尽蔵に資源があるかのような信頼感を「信頼される海」、その行き過ぎたものとして「過信される海」と表している［飯田2008］。タミレ村の漁師たちの海に対する「信頼」にも共通するところがある。ただし、ナマコの乱獲によって「昔はどこでも獲れたがいまは獲れない」と考えられていることをふまえると、必ずしも資源が無尽蔵であると捉えているわけではない。また、高等教育を経た若年層がダイナマイト漁によるサンゴ礁破壊の影響を漁師らに訴えたり、外部の環境NGO団体がタコの禁漁期を制定したりすることも、漁師たちの海に対する「信頼」に少なからぬ影響があると考えられる。

179

こで、漁場名の命名規則が分析された。

　29箇所の漁場について、命名の由来を、地形と場所（例：特定の島名、岬名、「遠いところ」など）、生態（例：ウミガメ、サメなどその漁場に生息する生物）、発見者（表中では「Mbo（おじさん）」と表記される、特定の人物名）、故事（「布をかけていた」など）、由来不明に分類した。その結果、4種類の漁場すべてにおいて、地形と場所に由来する命名が最も多く、ついで生態に由来するもの、および発見者に由来するものが挙げられた（表4-3）。

　タミレ村の漁師たちの認識する漁場名の命名基準には、いくつかの特徴がみられる。

　第一に、漁場名は基本的にはその意味がわかるものが多い点が挙げられる。次節で述べるように、漁師たちはある自然物の名称やその位置を詳細に把握しているにもかかわらず、誰もこれらの名前の意味や由来を知らないことがある。しかし漁場名についていえば、由来不明のものは全体の14％に留まる。由来不明の漁場名について補足すると、まず「ラナ・トゴン・プティル Lana Togong putil」という漁場がある。漁師らによれば「トゴン・プティル」はバンガイ語で「白い島」を意味し、バンガイ人による呼び名であるという。バンガイ人とは、中スラウェシ州バンガイ諸島3県（バンガイ県、バンガイ・クプラウアン県、バンガイ・ラウト県）において、最大の人口規模の民族集団であり、バンガイ語を母語とする人びとである。それから、「ティンプス・トロー・マジュレー Timpusu Toroh majureh」は「マジュレーの岬のティンプス」を指すが、漁師たちの中に「マジュレー」の意味を知っているものはいなかった。例外として「（意味は分からないが）古いサマ語だ」とする回答が1名からあったのみであった。また、発見者の名前を冠したものが6例と比較的多くみられることも、離れ岩の名称の特徴である。発見者の名前にサマ語の語彙であるンボ Mbo（年長者や祖先を指す語彙）が付されていたことから、これらの発見者はサマ人漁師であると考えられる。このように、一部の由来不明の漁場名を除けば、タミレ村のサマ人がその意味を即答できるような「サマ語」の漁場名の事例数が多いことが特徴である。

180

第 4 章　魚類・漁場・目標物の民俗分類

表 4-3　タミレ村の漁師が利用する漁場の名前

漁場名	意味	空間分類 （型）	備考
Pajaleko	曲がっているところ	PM	
Lana kareo	サメのラナ	L	サメが多く、サメ延縄漁に適している
Pangsak	サメの幼体	PM	サメが多い
Mbo Nipong	Nipong おじさん	PM	Nipong おじさんが発見
Pangiri batu panga	Panga の石のパンギリ	PG	
Timpusu Mbo Lambus	Lambus おじさんのティンプス	T	Lambus おじさんが発見
Pangiri togong putil	トゴン・プティル島のパンギリ	PG	
Boa mabuka	広いところの口	L	特定の島と島に挟まれた空間のうち、比較的広い海域のひとつ
Lana Togong putil	トゴン・プティル島のラナ	L	
Lana bida	布のラナ	L	昔水浴びする人がいて、布をかけていた岩礁が近くにあった
Lana mattinga	真ん中のラナ	L	？と？の間に位置する
Lana haji	ハッジのラナ	L	あるハッジが発見
Lana kulitan	ウミガメのラナ	L	ウミガメが多い
Lana Mbo Damarin	ダマリンおじさんのラナ	L	ダマリンおじさんが発見
Lana mateo	遠いところのラナ	L	最も遠方に位置するラナ
Timpusu Toroh majureh	majureh の岬のティンプス	T	
Pangiri Toroh buroh	アナツバメ岬のパンギリ	PG	
Lana mandarak	陸のラナ	L	「陸的」空間［中野 2020］

181

			のラナ
Lana Setenten	ステンテン（人名）のラナ	L	ステンテン（人名）が発見
Lana Matanga	マタンガ村のラナ	L	マタンガ村を目印にする
Lana Setembai	ステンバイ（人名）のラナ	L	ステンバイ（人名）が発見
Lana Mbo Abang	アバンおじさんのラナ	L	アバンおじさんが発見
Pangiri Toroh Karoe	Karoe（鳥名）岬のパンギリ	PG	
Pangiri Bakakan	Bakakan のパンギリ	PG	
Timpusu Asasal	アササル島のティンプス	T	
Lana Saban	サバン村のラナ	L	
Lana Bakalang	バカラン島のラナ	L	
Lana Tabakang	Tabakang のラナ	L	
Lana Ponding-ponding	ポンディンポンディン村のラナ	L	

PM＝パマンガン型漁場、PG＝パンギリ型漁場、L＝ラナ型漁場、T＝ティンプス型漁場

現地調査をもとに筆者作成

　第二に、陸地景の認知上の延長／連続として命名される点が指摘できる。たとえばラナ・マタンガ *Lana Matanga*（マタンガ村・ラナ）という漁場がある。マタンガ村は、バンガイ諸島沿岸部に実在する村の名前である。マタンガ村の目の前、あるいはすぐ近くにあるラナ型漁場かと思いきや、興味深いことに、ラナ・マタンガ漁場はマタンガ村から遠く離れた場所に位置している。それなのになぜ村の名前を冠しているのかというと、この漁場へ向かうためにマタンガ村前方を通過する必要があることによる。このように、漁場に到達するために利用される目標物——たとえば岬や村など——や、航行の安全上あるいは航行すべき「道」を見失わないために通っていくことが望ましいとされた地点の名前が、漁場の属詞に含まれるのである。サンゴ礁域における漁場名は、漁場同士が結節や分岐などの関係に

第4章　魚類・漁場・目標物の民俗分類

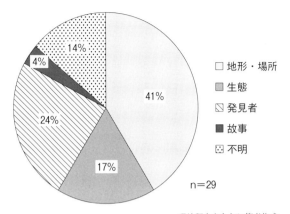

現地調査をもとに筆者作成
図4-3　漁場の名前に利用される命名基準の内訳

よって結びつけられることがある［竹川 2002］。表 4-3 においても、いくつかの漁場の間に位置する「真ん中のラナ Lana mattinga」や、「遠いところのラナ Lama mateo」のように、他の漁場との大雑把な位置関係に由来して命名された漁場もあるが、結節／分岐の関係にあるとまではいえない。ここには、タミレ村の漁師たちが利用する浅海から外海にかけての漁場が海底を視認できない程度の深さであり、漁場同士の海底の連続性を確認できないこと、あるいは漁場同士が離れていることも影響していると考えられる。このような漁場名の命名基準の特徴からは、タミレ村のサマ人漁師たちが陸からの認知上の連続性のなかに不可視の漁場を位置づけていることがうかがえる。漁場名を記憶するということが、その漁場に到達するために必要な目標物を記憶することにもつながるのである。

4-3 目標物

4-3-1　離れ岩の命名

　目標物に対する名称の調査も漁場名称の調査と同様に、漁師 A、漁師 F、漁師 O と元漁師オチェ、出漁予定の任意の漁師から聞き取った。目標物の名称についても、漁師間で回答が異なることはほとんどなかった。

　ここでいう目標物とは、漁撈のために海上を運行する際に、自船や目的地の位置を把握するために目印として利用する自然物や人工物[*4] のことをいう。目印として利用する自然物としては、離れ岩、岬、湾、天体の 4 種類を分析対象とした。第 2 章で述べた通り、これらの目標物を利用した位置特定技術によっておおよそ漁場に到達したあと、海藻の生えかたなどを視て、より精度を高めることがある。また、特定の鳥類が飛ぶようすを観察して新たな漁場を発見することもある。ただし、これはまだ明らかない目的地を探索するときの目印であり、他とはやや異なる性質のナヴィゲーションである。このように、ナチュラル・ナヴィゲーションのための手がかりとして生物が用いられることもある。しかしこれらは、日常的な漁撈における海上ナヴィゲーションにおいてはごく限られた事例であるため、本調査では対象としなかった。

　まず離れ岩は、島からさほど遠くない海上に頭を出している岩や海食柱を指す。「島（プラウ）」とかれらが呼ぶ自然物と比べれば規模の小さく、人が居住しないようなところを指す。まれに船を係留できる形状のものもあるが、ほぼすべてが写真 4-6 のように切り立った岩（礁）状である。これらは、プラウ（島）やバトゥ（島）とは明確に区別され、タミレ村のサマ語ではトゥコー *tukoh* と呼ばれるものである。

　離れ岩トゥコーの位置関係は漁師らに比較的正確に把握される。漁場に

[*4]　ただし、バンガイ諸島周辺で漁師らの航行ルートにある灯台は 1 ヶ所しかない。また、村落も眺望や光源として目印にはなるものの、行政上の村落名を呼称としている。そのため、灯台や村落のような人工物は方名調査の対象としなかった。

第 4 章　魚類・漁場・目標物の民俗分類

写真 4-6　トゥコー・ンバトンバトン
(2023 年 3 月 8 日筆者撮影)

よっては、これらの離れ岩を経由していく航行ルートが望ましいとされている。また、日中の洋上で視認できる自然物のなかで、海上に露出している唯一の目標物であることから、海上ナヴィゲーションにおいて最も利用頻度が高い目標物といえる。聞き取り調査より確認された 15 ヶ所の離れ岩トゥコーの名前について、表 4-4 に示す。

　離れ岩トゥコーの名称は、2 例を除いたほぼすべてが由来のわかるようなサマ語の語彙によるものであった。たとえばトゥコー・シンボレー *Tu-koh simboleh* は、女性が後頭部で髪を結いあげた状態（*simboleh*）の横顔のシルエットに似ていることに由来する。離れ岩は、長い年月をかけて波の侵蝕などの影響を受けて形成された、特徴的な形状をそれぞれ有している。地形や場所に由来する名称のなかでも、形状を髪型や棘、船など身近なものに見立てられる認知であることがうかがえる。

185

表4-4　離れ岩トゥコーの名前

離れ岩トゥコーの名前	意味	備考
Tukoh Semibut	Sembiut 村のトゥコー	地形場所
Tukoh mandilao（*Tukoh maappo*）	海のトゥコー（壊れたトゥコー）	地形場所
Tukoh kappal	船のトゥコー	地形場所
Tukoh simboleh	*simboleh*（女性の髪型）のトゥコー	地形場所
Tukoh mabasar	大きなトゥコー	地形場所
Tukoh kasurang	敷き布のトゥコー	故事
Tukoh garoh（*Tukoh berduri*）	棘のあるトゥコー	地形場所
Tukoh mandarak	陸のトゥコー	地形場所
Tukoh Buniton	ブニトン村のトゥコー	地形場所
Tukoh karoe	*Karoe*（鳥名）のトゥコー	生態
Tukoh banderak	*banderak* のトゥコー	不明
Tukoh bunginang	*bunginang* のトゥコー	地形場所
Tukoh mbatong-batong	*Mbatong-batong* 岬のトゥコー	地形場所
Tukoh mapara	たくさんのトゥコー	地形場所
Tukoh sambang	*Sambang* のトゥコー	不明

現地調査をもとに筆者作成

　離れ岩が波の侵蝕作用の影響を受けやすいということは、形状が変化しつづけるということでもある。たとえばトゥコー・マンディラオ *Tukoh mandilao*（海にある・トゥコー）は、タミレ村のサマ人にとっての「海的」空間（第3章）に位置することからそう呼ばれてきた。離れ岩そのものではなく、それがある空間に注目されてきたのである。しかし波の侵食が次第に進み、あるときついに岩が「折れて／倒れて（*appo*）」しまった。それに気づいた漁師たちはすぐにその変化を反映させ、トゥコー・マンディラオ（海にある・トゥコー）は新たにトゥコー・マアッポ *Tukoh maappo*（折れた・トゥコー）と呼ばれるようになった。トゥコー・マアッポは岩の形状に由来する名称であるが、侵蝕による変化という点では故事にも類する。

　このように、タミレ村のサマ人漁師は、それぞれの離れ岩の微細な外見

第4章　魚類・漁場・目標物の民俗分類

表 4-5　岬の名前

岬の名前	意味	備考
Toroh majureh	禁忌の岬	故事
Toroh mbatong-batong	*mbatong-batong* の岬	不明
Toroh sikepek	*sikepek* の岬	不明
Toroh kadiata	*kadiata* の岬	不明
Toroh pandan badul	*badul* のタコノキの岬	不明
Toroh mangsigik	*mangsigik* の岬	不明
Toroh Mbo Asuna	*Asuna* おじさんの岬	発見者
Toroh bakidung	*bakidung* の岬	不明
Toroh kibit	*kibit* の岬	不明
Toroh dirangar	*dirangar* の岬	不明
Toroh ponpon	*ponpon* の岬	不明
Toroh pulau Nenek	*Nenek* 島の岬	地形場所
Toroh pisah	バナナの岬	生態
Toroh tapaang	*tapaang* の岬	不明
Toroh buttun	*buttun* の岬	不明
Toroh sinoli	墓地の岬	地形場所
Toroh puajanmang	*puajanmang* の岬	不明
Toroh karoe	*karoe* の岬	不明
Toroh bakal	*bakal* の岬	不明
Tukoh malummak	*malummak* の岬	不明

現地調査をもとに筆者作成

的特徴をよく捉えて変化を観察し、記憶していることがうかがえる。

4-3-2　岬の命名

　ペレン島やバンガイ島のいくつかのトロー *toroh*（岬）も、位置特定技術の目標物のひとつとして漁撈活動に利用される。聞き取り調査より確認された 20 ヶ所の岬の名前について、表 4-5 に示す。

187

岬の名称についてタミレ村のサマ人漁師らに尋ねると、「わからない」、「バンガイ語だろう」、「古いサマ語だろう」といったような曖昧な回答が増えた。由来不明のものは 20 カ所中 15 カ所にのぼり、外見的特徴や地形に基づく由来が記憶されていた漁場や離れ岩とは大きく異なる結果となった。しかしその曖昧さとは対照的に、位置関係については詳細な回答が得られた。ある漁師は、バンガイ島の最北部にある岬からはじまり、筆者が地図上で見るかぎり特徴的なほぼ全ての岬や湾、村を、時計回りにほぼ全て順番通りに暗唱することができた。オチェを含む別の漁師も、たとえば彼が岬をうっかりひとつ飛ばして暗唱すると「違う。A 岬の次は B 岬、その次が C 岬だ」というようにすぐに訂正する場面があった。また、このようにある岬の名称を思い出そうとする／説明しようとする際に、周囲の岬や湾から順に並べていく傾向は多くの漁師にみられた。

このように、タミレ村のサマ人漁師は、岬の名称の由来については曖昧なものが多いが、その位置関係については連続する目標物のひとつとして詳細に把握していた。

4-3-3　湾の命名

つづいて、およそ湾にあたるサマ語の語彙として、ロホッ *lohok* とルッコッ *lukkok* があげられる。沿岸部において、内陸側にくぼんだような形状の海岸線から成る小さな湾のことをロホッと呼び、それよりも規模の小さいものをルッコッと呼ぶ。ここではロホッとルッコッの双方を湾として扱う。聞き取り調査より確認された 14 ヶ所（内、ルッコッは 2 ヶ所）の湾の名前について、表 4-6 に示す。

湾は、そのほとんどが「アササル島の」や「ブニトン村の」といったように、地理的範囲の大きな場所を基準として命名されていた。漁場や目標物にみられるような詳細な情報に由来するものは、生態環境に由来するルッコッ・インガタン *Lukkok ingatang* の 1 例に限られる。しかし、漁師らが湾について説明する際、やはり連続する目標物のひとつとして位置関係を詳細に記憶しており、前節の岬とも共通する特徴がみられた。湾の名

第 4 章　魚類・漁場・目標物の民俗分類

表 4-6　湾の名前

湾の名前	意味	備考
Lohok Bulagi	ブラギの湾	地形場所
Lohok tanah	タナー［中野 2020］の湾	地形場所
Lohok Asasal	アササル島の湾	地形場所
Lohok Mato		地形場所
Lohok ruma		不明
Lohok bakidung		不明
Lohok ongko		不明
Lohok salatan	南の湾	地形場所
Lohok Buniton	ブニトン村の湾	地形場所
Lohok Tinakin	ティナキン（地名）の湾	地形場所
Lohok sibiru	禁忌の湾	故事
Lohok pamali	禁忌の湾	故事
Lukkok ingatang	インガタン（魚名）の湾	生態
Lukkok Mandar	マンダール人の湾	故事

現地調査をもとに筆者作成

称には、故事に分類されるものが 3 例あるが、発見者に由来するものはなく、故事そのものの内容も詳細には伝承されていない。この点は、離れ岩トゥコーにみられる故事とは異なる。たとえば大きな湾のひとつ、ルッコッ・マンダール *Lukkok Mandar* は「おそらくマンダール人が住んでいた」ということのみが知られている。

　全体としてみると 14 例の湾の方名は、地形や場所が由来となることが多く、特に村落や島の名前に基づいて命名されていると特徴づけられる。また、これらの地形や場所は、タミレ村のサマ人漁師らの空間に対する民俗分類によるものではなく、行政村落の名称や、バンガイ語やインドネシア語による呼称である。

189

表 4-7　天体の名前

サマ語名	意味	名前の由来	一般名	学名（IAU）
Mmau timur	東の星	方角		β Orionis
Mmau barat	西の星	方角		
Mmau utara	北の星	方角		
Mmau salatan	南の星	方角		
Mmau layah（1）	帆の星	形		γ Volans（とびうお座）？他
Mmau layah（2）	帆の星	形		
Mmau pitu（ププル）	7つの星（集まり）	形	スバル（プレアデス星団）	Pleiades
Tanda tellu	3つの目印	形	ミンタカ、アルニラム、アルニタク	δ, ε, ζ Orionis（オリオン座）
Niyor（現）	不明	不明	アルデバラン	α Tauri（おうし座）
Niyor（旧）	不明	不明	シリウス	Sirius Canis Major（おおいぬ座）
Mmau llau	昼の星	時間	金星	Venus
Mmau Naga	竜の星	形	天の川	Milky Way Galaxy
Mmau tunggara	南東の星	方角	カノープス	α Carinae（りゅうこつ座）
Mmau baleba	北西の星	方角		

現地調査をもとに筆者作成

4-3-4　天体の命名

　夜間に運行する際、山や島の影が視認できない場合には、天体を見て方角を知ることができる。タミレ村の漁師の認識する天体として確認された天体は、表4-7に示す14種類である。「星」はサマ語でママウ *mamau*、マウ *mau*、あるいはッマウ *mmau* と呼ばれるが、いずれも含意に差はない。本稿では、タミレ村のサマ人漁師らの間で比較的使用頻度の高い、ッマウに統一して記述する。ここには恒星だけでなく、惑星や流星、星団も含まれる。

第4章 魚類・漁場・目標物の民俗分類

　タミレ村のサマ人漁師らによれば、天体の名称のほとんどは、サマ語である。その命名基準は大きく、方角か形（配置）に分かれ、いくつかの天体については人物や物体のイメージが付与されている。たとえば、ッマウ・ナガ *Mmau Naga* は「竜・星」を意味し、天の川を指す。サマ人の口頭伝承において、ナガ（竜）にかんする伝説は確認されなかったが、かれらが実際に天の川の方向や位置関係に言及するさい、「ナガの頭のほう」といったように、ナガ（竜）の形態として認識している。

　また、ッマウ・ッラウ *Mmau llau*（昼・星）は金星に相当するが、名称は「昼」に出現する星であることを意味している。金星は地球からみると明け方と夕方にのみ観測ができるため、実際には昼に視認することはできない。しかし漁師らに1日の時間区分の名称を聞いてみると、日照直後の明け方や日没直前の夕方もッラウ（昼）に含まれることがわかった。

　このように、タミレ村のサマ人は、サマ人の独自の認識や時間感覚にもとづいて天体の名称を記憶しているのである。

4-3-5　目標物の語彙構成

　これまで離れ岩、岬、湾、天体の名称について整理し、それぞれにいくつかの特徴があることが明らかになった。この背景にはどのようなことが関係しているのか、タミレ村のサマ人の語る「サマ語」と、実際にこれらの方名を利用する場面や景観に着目して分析する。

　まず、15例の離れ岩の方名の由来を分類すると、地形や場所に由来する方名が最も多く確認されたほか、大部分がサマ語の語彙によって命名されていることがわかる（表4-4）。一方で、20例の岬の方名をみると、由来不明あるいは少なくとも現在の村のサマ語の民俗語彙では理解されていないものが15例確認され、大部分を占めている（表4-5）。14例の湾の方名では、行政村落の名称や、バンガイ語やインドネシア語による呼称であると推測されるものが多く、続いて由来不明の割合も目立つ結果となった（表4-6）。14例の天体の方名は、大部分がサマ語の語彙に基づいている点で離れ岩に類似する（表4-7）。

191

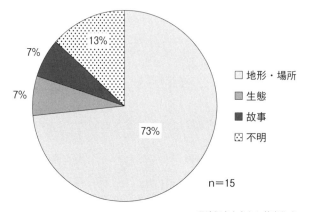

現地調査をもとに筆者作成
図4-4　離れ岩トゥコーの名前に利用される命名基準の内訳

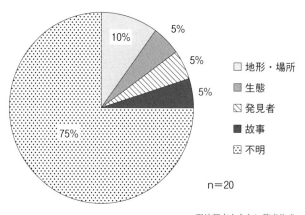

現地調査をもとに筆者作成
図4-5　岬の名前に利用される命名基準の内訳

　目標物の方名の構造をみると、これらは大きく2つに分けられる。それは、離れ岩や天体のようにサマ語による方名が顕著な目標物と、湾や岬のように由来不明（「古いサマ語」や「バンガイ語」とされるものも含む）の目標物である。この背景には、目標物を視認する漁師らの海上の位置と、目標物と他集団の居住地との距離の影響がある。

192

第 4 章　魚類・漁場・目標物の民俗分類

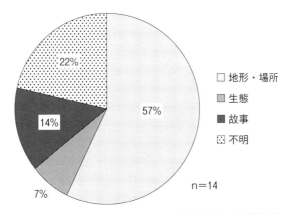

現地調査をもとに筆者作成
図 4-6　湾の名前に利用される命名基準の内訳

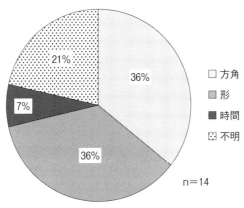

現地調査をもとに筆者作成
図 4-7　天体の名前に利用される命名基準の内訳

4-3-6　海上景観

　まず景観の特徴について、GPSで追跡したある日の出漁ルートを例に説明する。比較的近い東方の漁場に出漁したある日の往復移動距離は 47.32 kmであり、ペレン島南東の海岸に位置するタミレ村からの直線距離は約 20kmであった。このルートでは、午前 2 時から午前 4 時頃に出漁して、しばらくペレン島に沿って北上したあとに、連続する特定の離れ岩に沿っ

193

て船を進める。しかし、離れ岩群を過ぎると、船はペレン島やバンガイ島とは約10kmの距離がひらいた状態になる。こうなると、ペレン島やバンガイ島の岬や湾は、船上からははるか遠くにみえる目標物となり、その微細な形の違いや色を漁師が知ることは難しいのである。かれらは、これらの目標物のある地点に滞在したこともなく観察の機会がないため、由来不明の名称になる。

　このような目標物のみえかたの特徴をそれぞれまとめると、まず離れ岩は視認する地点が比較的近い距離にあるため、その形態をよく観察される目標物であること、岬や湾は視認する地点が比較的遠い距離にあるため、微細な違いは認められない目標物であることが指摘できる。

　天体も目標物のひとつであるが、これまで述べてきた目標物とは、目安となる規模が大きく異なる。離れ岩や岬、湾がヤマアテのような位置特定方法で利用される目標物であるのに対して、天体はこうした方法では利用されない。たとえば、ッマウ・ティムール *Mmau Timur*（東・星）は「東へ行くときにみる」、「タリアブ島（北マルク州）に行くときにみる」など、遠距離を移動するときの目標物である。

　海上移動において天体は、いわばコンパスのような役割なのであり、離れ岩や岬、湾とは異なる機能をもっている。こうした機能の特質を考慮すれば、天体は比較的長距離の海上移動のさい、しかも夜間に特に視認される目標物であるといえる。

　このように、離れ岩、岬や湾、天体を観察する視点にはそれぞれ差異があり、この差異が目標物への命名に作用する場合もある。

4-3-7　目標物の命名とサマ集団／非サマ集団

　景観、つまり目標物と、サマ集団や他集団との関係について、まず岬や湾にみられた由来不明の語彙を例に検討する。

　タミレ村の漁師らへの聞き取り調査では、岬の方名のうち由来不明のものについて、「サマ語であるがわからない（昔のサマ語であろう）」あるいは「バンガイ語である」、「国の言葉（インドネシア語）である」などの表

194

第 4 章　魚類・漁場・目標物の民俗分類

現がたびたび聞かれた。これらは実際に「古い」サマ語である可能性も否めない。一方で、岬付近に先住したバンガイ人など、他民族の言語を借用し、その意味や由来についてまでは現代まで共有されてこなかった結果とも考えられる。いずれにせよ、タミレ村のサマ人には、由来のわからない名称の岬や湾があっても、新たにサマ語の方名をあてようとするような傾向はみられず、わからない名称をそのまま踏襲している。このことは、特徴が変化した離れ岩トゥコー・マンディラオ（海にある・トゥコー）に対して、新たにその特徴を反映した名称、トゥコー・マアッポ（折れた・トゥコー）と命名する行為とは、目標物の方名や特徴への関心の高さが異なることを示唆している。つまり、岬や湾の方名への関心度は、離れ岩へのそれと比べると高くないといえる。

　他方、離れ岩は、陸地に先住していた他民族からは物理的に距離があったことは自明である。現代においても、タミレ村のサマ人漁師が利用する漁場は、バンガイ諸島域の他集落のサマ人漁師たちが利用することはあっても、非サマ人が利用することはない。したがって、離れ岩はサマ人漁師たちに固有な生活空間の一部であるため、詳細な由来とともに現代までサマ語の名称が共有されてきたと考えられる。

　天体についてみると、天体の方名のうち由来不明のものはニョール（アルデバランまたはシリウス）のみであり、そのほかの方名は全てサマ語である。タミレ村のサマ人漁師らによれば、他民族の漁師とは漁場が異なるため、天体が目標物として機能する夜間に、非サマ集団と遭遇することはほとんどなく、遭遇しても言葉を交わすことはない。他方、夜間の出漁中に集落内外のサマ人と遭遇することは日常的であり、既知の仲でなくとも漁獲や天候、漁場について言葉を交わすことがある。このように出漁中のサマ人同士の会話のなかで、目標物のひとつである天体に言及された結果、サマ語の方名が共有されてきた可能性も指摘できる。天体が、漁撈活動に必要な目標物としてだけではなく、サマ人の認識する季節観の構成要素であるなど、時空間的に重要な役割を果たしていることも、天体の方名がほぼ全てサマ語であることと無関係ではないと考えられる。

195

このように、目標物の命名や民俗分類の背景には、目標物の見えかたの差異があり、加えてサマ集団や非サマ集団の利用する生活空間との関係がうかがえた。また離れ岩や天体は、サマ人漁師たちにのみ利用される景観であるため、詳細な由来とともに現代までサマ語の名称が共有されてきたと考えられる。他方、岬や湾は、視認する地点が比較的遠い距離にあるため、サマ人漁師らは微細な違いを認識しない。現代のサマ人漁師にとっては曖昧な名称であり、岬や湾の方名への関心度は、離れ岩へのそれと比べると高くないといえる。

4-4 魚類・漁場・目標物の語彙の相互関連性

ここでは、これまでみてきた魚類・漁場・目標物について、命名行為における、それぞれの要素間の関係性を分析することで、サマ人漁師による民俗分類の特徴を検討する。図 55 では、ある要素の民俗分類が他の要素へ影響を与えている事例が確認されたものを、実線で示す。(a) および (a')は漁場と魚類の関係を、(b) および (b') は漁場と目標物の関係を、(c)および (c') は目標物と魚類の関係を表す。

図 4-8 における (a) から (c') に該当する事例を表 4-8 に示す。

図 4-8 および表 4-8 をみると、(a)(a') 漁場と魚類は互いの命名に影響を与えていることがわかる。一方、(b) 目標物の名称は漁場の命名に影響を与えるが、(b') 漁場の名称が目標物の命名に影響を与えた例は確認されず、また (c) 魚類の名称は目標物の命名に影響を与えるが、(c') 目標物の名称が魚類の命名に影響を与えた例は確認されなかった。

まず (b') 漁場の名称が目標物の命名に影響を与えた事例がみられない理由を検討する。タミレ村住民に利用される離れ岩は、そのほとんどが複数の漁場へ繋がる航行ルートに位置する。そのため、特定の漁場の名前が離れ岩の命名に影響を与えるとは考えにくい。また、漁師は目標物を比較

第 4 章　魚類・漁場・目標物の民俗分類

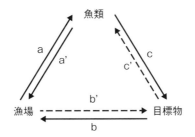

現地調査をもとに筆者作成
図 4-8　魚類・漁場・目標物の命名の関係図

表 4-8　図 4-8 におけるそれぞれの事例

番号	サマ語（仮名）	サマ語（アルファベット）	意味
a	ンドー・シッラー	nddoh sillah	シッラー（外洋）のンドー（ウツボ科）
a'	ラナ・カレオ	Lana kareo	サメのラナ（漁場）
b	ラナ・トロー・マジュレー	Lana Toroh Majureh	マジュレー岬のラナ（漁場）
b'	該当なし	該当なし	該当なし
c	トゥコー・インガタン	Tukoh Ingatang	インガタン（魚種）のトゥコー（離れ岩）
c'	該当なし	該当なし	該当なし

現地調査をもとに筆者作成

的近距離で観察するので、その形態的特徴により関心が集まる。岬や湾も同様に、複数の漁場の位置特定に必要な目標物であるため、特定の漁場の名前が付与されなかったと考えられる。天体は単体で利用しても漁場へ到達できないため、特定の漁場の名称が付与されるとは考えにくい。

次に（c'）目標物が魚類に影響を与えた事例が発生しない理由を検討する。たとえばトゥコー・インガタン Tukoh ingatang は、インガタン（魚種）が多く生息する離れ岩（トゥコー）であることに由来する。しかし、この魚種はこの離れ岩にしか生息しないわけではない。したがって、離れ岩を「インガタン（魚種）の生息する」と形容することはできても、インガタ

197

ン（魚種）を「○○トゥコーに生息する」と形容することはできない。他方、ンドー・シッラーは外洋域（シッラー）に生息するウツボ科の複数種（ンドー）であることに由来する。この場合、ンドーを「シッラーに生息する」と形容して差し支えない。

　以上のように、魚類・漁場・目標物の関係性について、民俗語彙の命名を通して総合的に捉えると、魚類─漁場は互いに影響を与えることがあるが、目標物─漁場、目標物─魚類は一方的な影響しかみられないことが指摘できる。

　魚類・漁場・目標物の関係性は、必ずしもそれぞれが相互に影響し合っているわけではない。しかし、自然物（魚類・目標物）─空間（漁場）という関係性でみれば、これは不可分な関係にあるといえる。たとえば、実際にはマタンガ村の側になくてもその名前を関する漁場ラナ・マタンガのように、自然物や空間の一方だけを分析していても、文字通りにそのものを指すとは限らないのである。

　また、魚類・漁場・目標物それぞれの語彙については 2 つの傾向がみられた。まず魚類や漁場、目標物のうち離れ岩と天体の語彙について、タミレ村のサマ人漁師らは、ほぼ全てがサマ語であると認識しており、その意味を説明できる。漁場の一部には「マジュレー岬のティンプス」など由来不明の名称があるが、これらは正確にいえば、岬や地名の語彙が由来不明なのである。これに対して、目標物のうち岬や湾については、由来不明、または「古いサマ語」や「バンガイ語」であるとするなど、少なくとも現代のタミレ村のサマ人漁師が意味を認識していないものが顕著であった。

　前者の傾向に共通しているのは、サマ人漁師が特に関心を払って観察し、利用していること、また他の言語から借用する機会があまりないことである。漁場や離れ岩、天体は、タミレ村のサマ人漁師が特に注意深く観察して、漁獲を得るために利用する知識である。すでに述べたように、タミレ村のサマ人漁師の利用する漁場は、非サマ人には利用されないため、漁場やその到達に必要な知識について情報を互いに共有することは稀であると考えられる。魚類の名称をやりとりする場面では、ほとんどの場合、タミ

第4章　魚類・漁場・目標物の民俗分類

レ村内の市場でサマ語を用いて取引されるか、サマ語を解する非サマ人で
タミレ村在住の仲買人によって取引される。以上のことから、漁場や離れ
岩、天体の民俗語彙は、タミレ村のサマ人漁師にとって関心度が高く、コ
ミュニティ内に比較的閉じられた知識であるといえる。

　後者の傾向に共通しているのは、岬や湾は距離的にも感覚的にも移動中
の漁師から離れており、前者の対象物ほどは関心が高くないこと、他の民
族が歴史的に先に利用しうるものであることがいえる。漁師が岬や湾その
ものに滞在することは稀で、これらは一般に遠く離れた沖合から観察され
るものである。バンガイ諸島域におけるサマ人の定住化とバンガイ人の歴
史については、不明なところが多い。先住していたバンガイ人が、先に岬
や湾に名称をつけ、後から移住してきたサマ人がその名前を借用した可能
性も十分にある。そもそも地名や魚名は、国や地域で共通する名称が与え
られ、広く用いられることもある。実際に、サマ人が「バンガイ語である」
と認識するような島の名前も存在する。しかし一方で、前者の対象物と比
べれば、バンガイ人のほうがより関心を払い、利用していた可能性も捨て
きれない。岬や湾はいわば陸と海の境界に位置する対象物であり、それを
海からみていたサマ人と、陸からみていたバンガイ人では、対象物への距
離は大きく異なる。以上のことから、岬や湾の命名は、タミレ村のサマ人
漁師にとっては比較的関心度の低い知識であるといえる。

小括

　本章では、外海で漁撈をおこなう際に利用される魚類・漁場・目標物に
対する、サマ語による命名や民俗分類について述べてきた。
　魚類に対する命名と分類の特徴についていえば、まず語彙構成の傾向と
して単一的で分解不可能な個別名であるか、個別名より一段階上位の包括
名を含む複合的な個別名かに二極化することが挙げられる。表現語彙素の

199

うち、生息場所に関する8つの語彙素には、ラナやシッラーなど、サマ語に特有の空間分類に基づくものが含まれていた。

　漁場に対する命名は、地形と場所に由来するものが最も多く、これらは実際にその名称をもつ陸地からはるか遠くに位置する漁場であっても、位置特定技術や航行ルートによって関連づけられ、陸地の名称が付与される。また、ここにはタミレ村のサマ人がその意味を即答できるような「サマ語」が多くみられた。

　目標物に対する命名は、離れ岩および天体はサマ語による詳細な方名が顕著であるのに対し、湾や岬は由来不明のものが多くみられた。前者は、サマ集団らが特に関心を払って観察していたこと、非サマ集団から借用する機会がなかったことによると考えられる。後者は、距離的にも、また感覚的にもタミレ村のサマ人からは離れており、前者ほどは関心度が高くないこと、他民族が歴史的に先に利用しうるものであることによると考えられる。また、目標物の語彙は、漁師がこれらを視認する際の海上景観や目的を反映していた。

　魚類・漁場・目標物の方名の相互関連性に着目すると、魚類—漁場は互いの命名に影響を与えるが、目標物—漁場、目標物—魚類は一方的な影響しかみられないことがわかった。

　このように、タミレ村のサマ人の魚類・漁場・目標物の民俗分類は、漁師らの海上景観に基づいた、自然物（魚類・目標物）—空間（漁場）の不可分な関係性を反映するものだった。

引用文献

秋道智彌『魚と文化——サタワル島民族魚類誌』海鳴社. 1984.
飯田卓『海を生きる技術と知識の民族誌——マダガスカル漁撈社会の生態人類学』世界思想社. 2008.
奥谷喬司編『日本近海産貝類図鑑』東海大学出版会. 2000.

小野林太郎『海域世界の地域研究——海民と漁撈の民族考古学』京都大学学術出版会.
　2011.
多紀保彦ほか編『食材魚貝大百科　1巻』平凡社. 2000.
————『食材魚貝大百科　2巻』平凡社. 2000.
————『食材魚貝大百科　3巻』平凡社. 2000.
竹川大介「結節点地図と領域面地図、メラネシア海洋民の認知地図——ソロモン諸島
　マライタ島の事例から」松井健編『講座・生態人類学 5 核としての周辺』. 59-193.
　京都大学学術出版会. 2002.
益田一ほか編『日本産魚類大図鑑《図版》』東海大学出版会. 1984.
松井健『自然認識の人類学』どうぶつ社. 1983.

Berlin, Brent. *et al.* Covert Categories and Folk Taxonomies. *American Anthropologist.* 70(2):
　290-299. 1968.
————. General Principles of Classification and Nomenclature in Folk Biology. *American
　Anthropologist* 75 (1): 214-224. 1973.
Lieske, Ewald. and Robert Myers. *Coral reef fishes, Indo-Pacific and Caribbean.*（*Revised
　Edition*）. PERIPLUS. 2001.

BBC Science Focus 2022〈https : //www.sciencefocus.com/nature/what-is-a-wobbegong〉（2024
　年 10 月 18 日最終閲覧）
FishBase〈https : //www.fishbase..in/search.php〉（最終閲覧 2021 年 10 月 13 日）.

第5章

海を「視る」技術

多島海の漁撈における人間─環境関係

　人間は、自然環境の条件下で生存していくために、自然環境条件を制御したり改変したりする生業活動を通して、それぞれの環境に適応をしてきた。東南アジアだけをみても、半乾燥地帯や熱帯雨林など様ざまな生態環境がある。環境のなかで生きる人びとは、それぞれに民俗技術を培い、工夫を重ねてきた。沿岸域に目を向けると多くの人びとが海を利用して生活している。人びとの居住や活動の場となる海域環境には、砂浜の広がる遠浅の海や奇岩を形成する岩石海岸、サンゴ礁の発達した浅海や、漕ぎ出せば多数の島々の連なる外海、そして見渡す限り水平線の広がるような大海など、それぞれに多様な景観がある。人びとはそれぞれの海洋環境を生き抜く術を培ってきたが、多くの漁撈活動はいくつかの点において他の生業活動にはない性質がある。

第 5 章　海を「視る」技術

　まず漁撈には、底棲生物の採捕や突き漁など一部の漁法を除き、獲物そのものを視認することができないという特徴がある。本書で論じてきたような海面漁業の場合は、釣り上げるまでほとんど獲物の姿は視えない。また、狩猟活動で観察されるような生物の足跡や食べカス、糞のような痕跡すら、海には残らない。

　視えない生物をねらう漁師たちはまた、視えない目的地に向かって動いている。「空間そのものが動く」海では、陸地のようにふと立ち止まったり、ぶらぶらと歩いたりすることはできない。多島海のような環境では、島々の複雑な海岸線がさらに微細な潮流を生み、小さな動力船はその影響を強く受ける。その海に対する知識を欠く者は、海に放り出されれば途端に動けなくなり、たちまち漂流者になってしまう。漁師たちは、ある程度は計画的に進み、常に自船や目的地の位置を確認し、注意を払い、経路をたどらなければならないが、これは点から点への計画的な移動ではない。出発時点ではおおよその目的地となる漁場を決めていても、船を進めながらその時々の潮汐や波の状態、魚類の動きや「食いつき」を観察し、ときに別の漁師からこれらの情報を得て目的地を転換することさえある。しかも、どれだけ近づいても目的地たる漁場そのものは視えない。確かに、漁場への移動経路とナヴィゲーションには形式的なパターンを見出すことができる（第 2 章）。しかし、このような偶発的な出来事のなかでその都度、周囲の環境を手がかりとしてルートは即興的に再探索される。これらは、特定の地点から特定の地点へ安全に到達することを目的として発達してきた遠洋の航海術や空間認識とは異なるものである。

　さらに海という生態環境の特徴を付け加えるとすれば、その不安定性と流動性が挙げられよう。第 4 章で論じてきたように、漁師たちはナヴィゲーションの手がかりとなるような自然物に対して、物質的・生態的特徴や故事をもとに命名してきた。このような環境に対する「注意（attention）」[Ingold 2000] の払いかたは、そのままでは容易に利用できないような環境を知覚し、ナヴィゲーションを実践するための技法でもある。ただし、山道や雪上ではルートも目標物も、環境はある程度物質的に「整える」ことが

203

できるのに対して、海のルートとなる空間そのものは常に流動的でそこに
留めおくことができない。目標物となる自然物も、直接手を加えて——た
とえば旗を立てたり、石を積んだりして——物理的、可視的に作り出すこ
とはできない。すでにある岩や岬に対して彼らが手を加えるのではなく、
名前を付与して記憶を刻みつけることで知覚と実践に不可欠な目標物とす
るのである[*1]。しかし、浸蝕されて壊れてしまった「海のトゥコー」（第4
章）のように、自然物そのものもまた、変わらずにそのままの形でそこに
存り続けるとは限らない。

　序章で述べたように、人間は自分をとりまく環境に様ざまな活動を通し
て適応してきた。漁撈活動においては、遠浅の海岸に石を積みあげて、干
満の差を利用して魚を閉じ込められるようにするなど、自然環境を利用可
能なかたちにするために制御・改変する技術も培われてきた。しかし本書
が論じてきたバンガイ諸島サマ人の漁師たちは、このような海の不可視性
や不安定性、流動性そのものを制御したり改変したりしようとしているわ
けではない。むしろ、かれらをとりまく海という環境をそのまま受け入れ
て、そこに有効な環境認識の構造を発達させてきた（第3章、第4章）。

　サマ人漁師たちは、ナヴィゲーションや環境認識を通して、改変しよう
もない自然環境とどのように関係をとり結んできたのだろうか。本章では、
海を「視る」技術を切り口として、多島海を生きるサマ人漁師たちの漁撈
における人間—環境関係を捉えなおしてみたい。以下、本章ではまずこれ
まで本書が論じてきた、海を「視る」技術について、習得や内面化の観点
から整理し直す。次に、視覚以外の身体感覚もまた、海を「視る」ために
培われてきたことを示す。また、世界各地で漁撈の機械化が進むなかで、
在地の漁撈技術や環境認識はいかに残りうるのか、タミレ村の事例からひ
とつの可能性を示す。次に、漁師たちが海といかに対峙しているのか、「関
係性としての海」を手がかりにその身構えを論じる。最後にこれらを受け

＊1　例外があるとすれば、最近になって設置された人工的な灯台のように、彼ら自身
　　が手を加えたわけではないが、新たに出現したような物体を他の自然物と同列に
　　目標物としていることなどが挙げられる。

て、人間と環境の関係学としての本書の意義を示す。

立ち現れる、海上の「道」

　海上を移動する漁師たちがかれらをとりまく環境中の生物や自然物とどのように対峙しているのかということは、かれらのナヴィゲーションにおける「道」の見出しかたからうかがえる。海においても陸においても、ある進みかたをした場合に目標物（ランドマーク）を視認できる範囲は、大なり小なり限定されている。都市空間地理学者のケヴィン・リンチは、これを「局地的」という語で表現している［リンチ 2020（2007）: 102］。たとえば標高の高い山のように、他のものと見間違えようもなく、周囲に遮る物体がないほど大きく遠方から視認できるものがある一方で、限定的な地点からしか視認できない目標物もある。第 3 章に述べた沿岸航法（ヤマアテ）の原理とは、このような目標物の局地性を利用し、特定の「見えかた」に意味を与え、限定された局地（＝漁場）へ身を置くよう導くものだった。多島海は、このように人間を特定の「見えかた」へ導くような自然物が陸海上に無数に立ち並んでいる状態であるといえる。

　海上景観に当てはめれば、前者のようなランドマークはたとえば、遠くから誰でも方角を簡単に知ることができるような大きな島などがある。このような自然物は、そこに存在するだけで目指され、あるいは避けられるような意味を内包する、環境によるアフォーダンスを促す物質である［ギブソン 1986］。一方、小さな離れ岩や、島を複雑に縁取る海岸線、海にせり出した岬のような「局地的なランドマーク」は、周囲の認知空間的配置を規定し、環境中を動く漁師たちの進むべき「道」を遮り、あるいは導くものとして漁師たちを取り囲む。離れ岩や岬は、漁師たちに対して、また周囲の航海者に対して、大きな島のようにはアフォードしない。大きな島や山は、たとえば初めてバンガイ諸島を訪れた筆者のようにその環境に不

慣れな者からも、遠方にあって目指す対称として、あるいは前方に迫っていて避けるべき物質として知覚されうる。しかし「局地的なランドマーク」は、特定の物質とその適切な「見えかた」を知らなければ、観察者を遮ったり導いたりすることはない。その環境の専門家（たとえば漁師のような）にとってのみの知識もあれば、そのほかの人びとにとってもどうしても注意を引きつけずにはいないような視覚的特質を備えた風景もある。周辺あるいは背景との対照として特異性のあるランドマークは、たとえそれが大きな物体でなくとも傑出した物体として知覚される［リンチ 2020（2007）：126-128、171-172］。傑出したランドマークが視覚的に捉えられるものであるとすれば、局地的なランドマークはより観察者の注意や観察に基づいて識別されるものといえる。

　リンチの言葉を借りれば、ランドマークとして扱われる自然物の要素（エレメント）は、それらのエレメントそのものの性格のみならず、観察者がその環境をどれほどよく知っているかによって左右されるのである［リンチ 2020（2007）：102］。バンガイ諸島のサマ人漁師たちにとってもこれは同様で、誰もがこのようなナヴィゲーションの知識に精通しているわけではない。子どもたちは幼い頃からココリを漕ぎ、浸水する岩礁を歩き、泳ぎまわって危険を知る。こうして少しずつ海の感覚に慣れ親しんでいく。特に男の子は、ある程度の年齢になれば父親や親族の漁師に同行する。知っていたはずの景観の「適切な視えかた」を教えられ、動きのなかで漁場やルート、目標物を記憶する。他の集落から移住してきたサマ人漁師も同様で、移住先の年配漁師に同行して覚えていく。漁師ら自身が身体を媒介として景観を適切に「視る」術を体得することで、初めて不可視で不定形な海に「道」が立ち現れる。さもなくば、トゥコーはただ眼前に迫り、沈黙する岩でしかないのだ。

　2016 年に、初めてバンガイ諸島を訪れたときの船上の風景と、舵を取る男の注意深い眼差しを思い出す（はじめに）。いくつもの岩が常に視界に入っても、それらに分かりやすい看板でも立てられていないかぎり、筆者は目的地も「道」も見出すことができない。離れ岩や島々、漁場の地図

第5章　海を「視る」技術

上の位置関係を記録しても、また漁師の描画をみても（第4章）、それで
もまだ漁場へ進むことはできない。海上を移動する漁師の視点におきかえ
て視ることができないからだ。海をめぐる語彙の連なりや分類は、海上移
動の行為と密接に絡み合いながら運用されている。この知識の体系が内面
化されたとき、ようやく海の「道」は立ち現れる。

不可視の海を探りあてる身体感覚——「視る」、「聴く」、「触る」

　本書がこれまで論じてきた海を「視る」技術は視覚を中心とした身体技
能であるが、実際のところこれは視覚だけに頼るものだけではない。海上
景観を視覚的に捉えることだけでは、よほど面積の大きな漁場でない限り、
正確な位置を特定できないからだ。手釣り漁師たちは、ラナの真上ではな
く、海底堤から深い海に至るまでの外縁部を狙って釣る。そのため、海上
景観を視認しながら移動しておおよそ漁場と思われる位置に到着したあと
に、別の感覚を手がかりとしてより探索の精度を高め、狙う場所を絞り込
む必要がある。
　1970〜80年代以前、帆船ボロトゥ・ラヤーが主要な漁船だった時代の
ナヴィゲーションについて話すとき、老齢の漁師たちが身振り手振りをつ
けて決まって楽しげに語る話題がある。海の音を聴き分けるコツだ。帆を
操り、岩や島を見ながら櫂を漕いでようやくおおよそ漁場と思われる地点
に着くと、漁師たちはいったん櫂を漕ぐ手を止める。鏡面のようになめら
かな海に帆船が浮かび、舷にあたって砕ける波の音だけが聴こえるなか、
船底に這いつくばって底板にそっと耳をあてる。あるいは、櫂を海に突き
刺し、片手で柄を掴んで耳をあて、もう片方の手でその部分を覆い、音に
集中する。海中を流れる水そのものや砂粒などが船底や櫂の木材に擦れ、
それぞれが特徴的な音を生み出す。漁師たちは、この音の微細な違いを聴
き分けるのである。たとえば「テッ、テッ、テッ……」という小さく断続

207

的な音の正体は、海中を浮遊するサンゴ砂礫である。すぐ近くには、大きなサンゴ礁があると推測される。低く長く続く「グーーー」という音は、海面近くに砂礫などが浮遊しておらず、しかし遠くのほうで何かが流れている音だ。このとき、船べりから海を覗きこんでも海底を視認することはできないが、しかしそれほど深くはないところに砂の堆積した海底があると推測される。砂礫の擦れる音もまったく聞こえなければ、そこは深い外海、シッラーであることを意味する。特に手釣り漁師のように、認知地図のなかの特定の漁場や、その中でもピンポイントにスポットを突き止める必要のある者にとっては、このように海底・海中の様子を探る技能も重要なのである。固有名称のある目標物を利用して、ある程度は形式化された方法によって目的地への経路を探索する方法とは異なり、海の音による認知を言語化して他者に正確に共有することは難しい。だからこそ、漁師らは自分の耳（と、船と、櫂）で聴き分ける経験を積み重ね、漁場の位置を聴覚に基づいて探りあてる技能を自分自身で培っていく。「船でちょっと寝ていても、船底の音を聴けば（大体どこにいるか）わかるさ。こうやってな」とやってみせるサマ人漁師からは、海に拡張された自身の聴覚とそれを経験から習得したことへの自信すらうかがえる。

　不可視の海のなかを探り当てる方法として、より一般的なのは釣り糸を垂らして水深を測る方法である。各漁場に到達するためのナヴィゲーションの方法を順番に聞いていくと、海底が視えない漁場の場合は最終的に「釣り糸を使うのだ」という説明で締めくくられる。

　日本でもタナドリ（棚取り）／タナアワセ（棚合わせ）と呼ばれる類似の方法が、釣り人たちの基本的なテクニックとして知られている。ただしタナドリの場合は狙う／セメル魚種の生息する層（タナ）にちょうど釣餌が垂らされるように浮子の位置を調節するというものである。この層（タナ）を外れたところに仕掛けても、狙った魚種がまったく食いつかないということも少なくない。そのため、釣りをはじめる前にまず対象魚種に応じたタナドリ／タナアワセをするのであり、これは釣りの準備段階に含まれる。

バンガイ諸島のサマ人漁師らの技法は、タナドリとはやや異なる。おおよそ漁場であろうという地点に到着すると、彼らはまず道糸を桛（かせ）から引き出し、端部のシンカーを海中に沈める。シンカーが海底にあたって止まる感触がするまで道糸を伸ばし続ける。釣竿やリールのような道具は用いないため、道糸の捉える振動はそのまま漁師の手のひらに伝わる。そうして、シンカーが着底して擦れるときの微細な振動、ドロップオフのように海底が急に深くなるときの一瞬ふっと下に引っ張られる重力などを、彼らは手の感覚を研ぎ澄ませて確かめる。こうすることで、沿岸から広がる島棚や、堤のような地形をもつ漁場の海底を探りあて、その外縁部の位置関係を正確に測っていくのである。海底を視認することのできない空間における島棚や漁場を、彼らはまるで島の縁や形を描くかのように示すことがある。実際に海図と照らし合わせてみると、少なくとも島棚のようなものが確かにそこに分布していることに驚かされる。

　このように不可視の海底を間接的に「触る」ことや、自船や目的地の位置を把握する技能の習得は、ある程度は集団的に共有されているものを含みつつも、より実践的には、個人の知識と経験に裏打ちされている。海底微地形の「手触り」を確かめてこれをナヴィゲーションに利用するには、目的地や経路がどのような視えない地形をもつのか、さらに彼らの頭のなかにある認知地図ともいうべき漁場や目標物の空間的配置のなかで、それらがどこに位置するものなのかを認識できねばならないからだ。たとえるなら中身の見えない箱に手を入れて、棒であたりを「触り」ながらその配置を推定していくかのように、かれらは海を探っているのである。

　前項で述べたように、ある環境におかれた人間がみな同じように知覚し、動けるとはかぎらない。タミレ村の漁師においてさえ、知識や経験、身体の技能が備わっていなければ、海を「視る」ことはできない。

　近年の人類学的研究では、人間中心主義を乗りこえ、人間―自然の二分法を脱しようとする動きもある［前川ほか編 2018］。しかし本書が対象とするような海のナヴィゲーションは、このように行為主体者による要素も多分にある。ここにおいては、主体から論じる視点が重要であると考えられる。

身体的技能と生態的技能、機械化

　前項で述べたように、漁師は「視る」だけでなく、触覚や聴覚などの身体感覚に基づく技能を培ってきた。人びとが、自然を利用するために必要な一連の過程に関わる全般的な知識のことを自然知という。ここには、固有の生物分類の体系や、実践的な知識などが含まれる［篠原2005］。それに加えて、「視る」、「触る」、「聴く」といった身体感覚に基づく技能が求められる。これらはいずれも、何かに書き記されたものではなく、漁師自身が経験していくなかで身体化され、磨きあげられてきた身体的技能、あるいは身体知とよばれるものである。

　ところで漁師たちは、陸を手ぶらで歩くように身ひとつで移動しているわけではもちろんない。むしろ存分に道具を利用し、道具を媒介して海を移動している。エンジンを搭載した漁船ボロトゥに乗り、櫂を手にして波間を動き、道糸を手繰りよせて獲物を釣る。漁撈の一連の行為において道具や機械は必要不可欠なものであり、身体的技能はこれらと切り離すことはできない。たとえば漁師たちが海底を「触る」技能は、道糸を媒介とするものである。景観を「視る」技能もまた、漁船に乗っているときの海上景観に基づいてこそ発揮されるものである。かれらが地図を指差して漁場の位置関係を説明しようとすると距離感や配置にズレが生じていくのは、まさにこうした背景による。

　このように、自然を利用して生きるための技術は「道具（機械）と身体知と自然知の総和である」ということができる［篠原2005］。機械のなかには、人間の身体や認知の能力、つまり身体知や自然知を極端に超えたものもある。全自動魚釣機やGPS、魚群探知機などがこれに当てはまる。一方、人間の能力を補助的に延長する程度の道具（機械）の場合は、技術においてこれらが占める要素は少なく、むしろ勘やコツなど分解できない「技能」によるところが大きくなる。このような場合には、技術とは「身体的技能と生態的技能の総和である」と定義することもできる［篠原2005］。

タミレ村のように、漁業の機械化が極端に進行していない場合には、道具を媒介としながらも、身体的技能と生態的技能によって釣果が左右される。だからこそ、漁撈技術において個人の技量の発揮の余地があり、経験をもとに修正や工夫をそれぞれに重ねていくことができるのである。

しかし、タミレ村にエンジンが導入されてから約50年、いまや帆船が一隻もなくなってしまったように、漁業はたった数十年でも劇的に変化する。サマ人が定着し、漁撈をおこなうような沿岸地域は、いうなれば辺境の地である。しかし同時に、世界最大の島嶼国家インドネシアにおいては将来的に開発可能性のある地域でもある。同国のめざましい経済発展は辺鄙な漁村にも到達している。

タミレ村の状況を補足すると、2016年以降は訪れるたびに、電力供給や水道供給が改善され、電波塔が立ち、若者も高齢者も、ついには漁師さえもスマートフォンを持つようになった。インドネシアのある島を訪れた際には、オーストラリアとの国境付近まで出漁するサマ人漁師たちがGoogle Mapをみてギリギリのところまで南下していた。また別の島のサマ人は、やはりスマートフォンで漁業者向けアプリを活用して漁場の位置情報を保存していた。

おそらくこのような変化は、サマ人の漁村社会やインドネシアの沿岸諸地域に限ったことではない。日本を含め、世界各地の多くの小規模漁業者がすでに経験したか、あるいは今まさにその過渡期にある。それでは、漁業において道具や機械がますます発展していけば、漁師たちの培ってきた身体知や生態知は失われていくのだろうか。本項では、タミレ村におけるエンジンの導入に伴う変化を例に、もうひとつの可能性を示す。

タミレ村では1980年頃までエンジンのない帆船ボロトゥ・ラヤーが用いられていた。季節風の変化を受けやすく、出漁範囲は風向に左右されるため、ときには遠方まで出漁する必要もあったという。漁師たちは一晩中、櫂をこぎ続け、風や波をみながら操船した。当時を知る漁師たちは、「汗だくになって途中で上着を脱いでいた。今みたいにエンジンがないから筋力も必要で、腕が太く大きくなったものだ」と、疲労感をにじませながら

語る。エンジンが導入されてからは、季節風の影響を受けにくくなったことから新しい漁場が「発見」されるようになった。また「汗をかいて漕ぐことがなくなったから病気になりやすくなったのだ」というほど、出漁にかかる体力も時間も大幅に短縮された。

　エンジンの導入は、かれらのナヴィゲーションにも作用した。遠方のある漁場へ向かうとき、帆船の場合には深夜に出発してから島沿いに進み、星の運行、波や風の向きをみながら方角を確かめながら進む。やがて夜が明けて、沖合の離れ岩や島が見えるようになると、沿岸を離れて沖合へ向かう。そして目標物の連なりや重なりを視認して、経路を見出していく。ところがエンジン導入後は、深夜に出発すると予想以上に早く、沿岸を離れて沖合へ向かうべき地点に到達してしまうことが度々発生した。しかし、早々に到達したところで、真っ暗な沖合にある島や岩は視認することができない。そこで漁師たちは、星をみながら島沿いに進んだあと、夜間のうちに進みすぎないように敢えてエンジンを止めることにした。そこでひと眠りしながら夜明けを待ち、海が白んできたら沖合の島や岩を視て漁場へ向かっていくのである。

　このようなエンジン導入後の工夫は、かれらの漁撈活動に近代的技術としてのエンジンが導入されたからといって、必ずしもそれまでの身体的技能や生態的技能が消失するわけではないことを示している。もちろん、導入された道具や機械の性質や能力によっては大きく変容させることもあるだろうが、在来の民俗技術と近代的技術との間で擦り合わせがおこなわれ、結果としてあくまで知識や技能が持続していくこともあるのだ。エンジン導入以前でさえ、タミレ村の漁撈活動は道具や漁法、船の変化、自然災害や移転に伴う環境変化など、さまざまな変化を経てきた。しかし、海を「視る」技術は固定的なものではない。漁師は海に対する知識や身体的技能を培い、修正や工夫を重ねる。道具や環境の変化を経ても、かれらは柔軟に技術を編み直し、海を生き抜いてきたのだ。

関係性としての海

　本章がこれまで述べてきたように、タミレ村のサマ人漁師たちの環境認識とは、自身をとりまく海を構成する生物や自然物、空間の無数の関係性のなかに自分の身を置くという理解のしかたである。海を「視る」技術からみえてくるのは、無数の関係性のなかで構築される「関係性としての海」のなかに自己を定位すること、あるいは関係性を構成する要素のひとつとして自分を捉え直すこととしての環境との対峙のしかたである。

　関係性を構成する要素の変化は、かれらが培ってきた技能の総和としての「技術」が適用できなくなることには必ずしもつながらない。そもそもかれらをとりまく環境は、不可視的であるばかりでなく、不安定で、流動的で、物質は容易に壊れたり、視えなくなったりする。また、サマ人漁師たちは、市場の動向によって漁獲対象も、漁具や漁法も迷いなく変える（第2章）。より良い漁場を求めて別のサマ人集落へ移住し、もとの場所とは異なる景観の海で漁をすることもある。タミレ村にも、他のサマ人集落から移住してきた漁師は少なくない。かれらに移住後にどうやって漁場やそこまでの行きかたを覚えたのか尋ねると、みな「1〜2回、年配の（熟練の）漁師についていけばもう覚えられる」と語った。そんなに簡単に覚えられないように思えるが、よく聞いてみるとかれらはゼロから学んでいるわけではない。海に対する生態的技能や、自然物の連なりや重なりを利用した身体的技能を含めた環境認識は、広範に広がるサマ人社会の間にも少なからず共通した部分がある。それを基盤として、移住後の自然環境条件に応じて、関係性を構成する要素についての知識や技能を修正し、また環境との関係を編み直していく。ここには、オセアニアのスター・ナヴィゲーションに代表される航海術のように、継承すべき、正統なナヴィゲーションはない。無数の自然物の関係性のなかに自己を定位する「視えかた」を覚え、環境の変化や個人の経験をもとに修正を重ねて、身体化していく。確かに漁師たちは「適切な視えかた」を親や年配の漁師から教わるし、漁場への

航行ルートにはある程度のパターンがある（第3章）。しかしこれらは守られるべき形式ではなく、むしろ再探索や修正を前提としている。サマ人の移動性の高さは、社会的なネットワークや政治経済的な背景によって説明されてきたし、実際それによるところが大きい。しかし、かれらが移住後の環境にも容易に適応していけることのもうひとつの背景には、このような常に編み直されうる、海との関係の結びかたがあるのかもしれない。「面的」あるいは「スポット的」空間認知は二者択一的なものではなく、認知の傾向の強さのようなものであると述べた（第3章）。バンガイ諸島が半閉鎖性外洋系海域であるために適応可能だったのか、あるいはこのような基盤的思考法に修正を重ねていくことでは適応できない範囲があるのか、サマ人の移動とネットワークにおける環境適応についてはまだ検討の余地がある。

　自然とともに生きる人びとが、自身をとりまく環境をどのように認識しているのかということについて、民俗分類学は生物や自然物、空間の無数の事物それぞれに対する人間の恣意的な意味づけを読み解き、人びとの生活世界を描き出してきた。しかし、このような従来の民俗分類学的手法においては、人間をとりまく多数の自然環境の情報の中から、生物種や空間など、（外部者からしても）それ自体がいかにも分類体系をもちそうなものが対象として選び取られていた側面がある。しかし、タミレ村の漁師たちをとりまく多島海のような環境では、サマ人にとっても、知らなければ無数にあるただの岩や地形でしかないような自然物が、重要な意味をもつことがある。生物や空間だけでなく、一見無秩序な自然物の命名にも海上景観や利用方法に基づく意味が埋めこまれている。また、離れ岩のように単独では複雑な分類体系をもたず、従来の研究においては見落とされてきたものもある。しかし、本書で論じてきた通り、そのような自然物も命名を通して他の自然物など環境中の要素と連関しているのである。

　移動の主体者は、自身を取りまく環境のなかにいかに自己を定位して移動し、環境と関係をとり結ぶのか。このような人間と環境の関係性の視点からみると、意外にもまったく異なる自然環境とのあいだに環境認識の類

似性がみられる。たとえばカラハリ砂漠のナヴィゲーションは、広大な砂漠に点在する特定の木や草を見分け、手がかりとすることで「道」が見出されてゆく［野中・高田 2004］。砂漠と多島海はまったく異なる環境であるにもかかわらず、ナヴィゲーションの実践景観は高い親和性を有している。

　ここに、人間（ひと）と海、ひいては人間（ひと）と環境の関係学の展開の可能性がある。つまり、生物や空間、自然物、さらに時間や減少など、人間をとりまくあらゆる自然環境を対象として、行為のなかの相互関係性を読み解くことで、生活世界の解明を試みるのである。人間の環境に対する恣意性があらわれる名づけや分類を通した研究はその切り口のひとつである。本書は、このような海の民俗分類学における個別社会の基盤的研究としてバンガイ諸島サマ人の環境認識を論じたものであり、海を生きる人びとの生活世界の一端を論じたものである。

引用文献

ギブソン、ジェームズ ジェローム『生態学的視覚論──ヒトの知覚世界を探る』（古崎敬訳）サイエンス社. 1986.
篠原徹『自然を生きる技術──暮らしの民俗自然誌』吉川弘文館. 2005.
野中健一・高田明「砂漠の道標──セントラル・カラハリ・ブッシュマンのナヴィゲーション技術」野中健一編『野生のナヴィゲーション──民族誌から空間認知の科学へ』古今書院. 2004.
前川啓治ほか著『21 世紀の文化人類学──世界の新しい捉え方』新曜社. 2018.
リンチ、ケヴィン『都市のイメージ』（新装版）（丹下健三・富田玲子訳）岩波書店. 2020（2007）.
Ingold, Tim. *The Perception of the Environment : Essays on Livelihood, Dwelling and Skill.* （1st Edition）. New York. Routledge. 2000.

あとがき

　2020年4月のことだった。博士論文のための長期調査に備えて調査許可やビザを取得しにインドネシアに渡航した。その合間で、ゴロンタロ州にあるサマの海上集落へ向かっている途中だった。港に外国船が停泊し、小さな町はざわついていた。様子を見に行ったサマの知人は「いま世界中で病気が流行っていて、あの船は外国を経由してきたから船員は上陸できないんだ」とまくしたてた。そんな病気、いまどき聞いたことがない。何を言っているんだと思った。それから数週間、いくつかのサマ集落を訪ね歩いてようやくマカッサルに戻ってくると、テレビであの感染症が報道されていた。新型コロナウイルスだった。

　こうして長期調査の前に一時帰国したつもりが入国できなくなり、そのまま2年が過ぎた。漁師たちやオチェ、滞在先の家族はもちろんスマートフォンなど持っていなかった。「日本に一旦帰って、荷物をまとめてそれから1年ほどまた来るよ」と言っていた私のことをどう思っているだろうか。最後にタミレ村を訪れた日からもう長い年月が経っていて、幼い「姪」は中学生になったらしい。それなのに私はずっと、2017年のフィールドノートを毎日めくって、何かを言おうとして擦り倒し、発表したり執筆したりして、時が止まっているかのようだった。そうした成果に対してありがたくも良い評価を得ることもあった。しかし、大切な漁師や家族を置いてきたまま遠く離れ、かれらに何も返せないままの自分が良い評価を得る

216

ことは、とても辛いことだった。そんな毎日に気が伏せり、じわじわと蝕むような罪悪感や孤独感を抱えながら、いったい自分がしていることは何の意味があるのかと思っていた。そんなときはよく、滞在先の「母」たちが歌ってくれた「アサルナ・サマ」を聴いた。IC レコーダーからきこえてくる「リンギ」と「ピッシ」は最後の最後でやはり合わなかった。明るく笑う母の声は懐かしく、自分をあの海辺の村に連れ戻してくれた。こんな状況がいつまで続くのか、これからどうなるのか、何もわからなかった。それでも母の声に何度も奮い立たせられて、今できることをしようとノートのなかの海の世界と再び向き合った。

　本音をいえば私は、かれらのことを何かとても整然とした言葉で説明したくなかった。というと聞こえがいいかもしれないが、実際には力不足によるところが大きかった。私はただ、かれらが何を「視」ているのかを知って、かれらに少しでも近づきたかったのだと思う。

　私は、他人が何を考えているのかを読み取ろうとして、いつも失敗する。親も家族も親友も恋人も、どこまで近づいても他人で、同じにはなれない。だからこそひとが何を考えているのかできる限り理解したかったし、近づきたかった。同じものをみているのに、なぜひとは違うことを受けとるのだろう。このひとはいったい、何を「視て」いるのだろう？　いま思えば、それが本書の出発点だった。

　オチェとともに海に出て、あるときふと我々が無数の関係性のなかを動いているように感じられた。孤立する岩も、岬も、どこかにある海底堤も、つながっている。そうでしょう、だからあの岩はこう名づけられたんだね。そういうとオチェは、まるで幼い子どもがようやく言葉を発したのを目の当たりにしたかのように「その通りだ！　嗚呼、私の子——私の賢い子！」と叫び、私がギブアップするまで力いっぱい抱きしめたのだった。海の風景が、すこしずつ変わっていった。

＊　　＊　　＊

本書の執筆にあたっては、数えきれないほど多くの方々からご指導を賜りました。京都大学大学院アジア・アフリカ地域研究研究科では、主指導教員である古澤拓郎先生からあたたかいご指導と激励を賜りました。道に迷ったり、立ち止まったりしたとき、見計らったようにかけられるご助言に支えられ、今日まで進みつづけることができました。岡本正明先生、岩田明久先生、金子守恵先生、杉島敬志先生、甲山治先生、町北朋洋先生には研究内容について多くのご助言を賜りました。東南アジア地域研究専攻生態環境論講座の先生がたからは、ゼミナールの発表を通して厳しくも優しいコメントをいただきました。

　長津一史先生には、いつも惜しみなく経験や情報を共有していただき、専門的な立場からご助言をいただきました。また、国内外の調査に同行させていただくなかでも多くのことを学びました。ありとあらゆる風景に対してアンテナを張って動き、「行きあたりばったり」にみえてなぜか結果としてうまくいってしまう様子がまさにサマのようで、現場を歩くことの楽しさを教えていただきました。

　現在所属している人間文化研究機構グローバル地域研究推進事業海域アジア・オセアニア研究プロジェクト（MAPS）のみなさま、東洋大学アジア文化研究所のみなさま、同社会学部のみなさま、白山人類学研究会のみなさまにも心より感謝を申し上げます。

　また、研究会や学会、インフォーマルな場で、多くの方々から貴重なご意見をいただいたことは本書のための研究を進める大きな助けとなりました。伊藤眞さん、遅澤克也さんと一家の皆様は、初めてインドネシアを訪れて右も左も分からなかった筆者を見守ってくださり、スラウェシの魅力に気づかせてくださいました。海民研究の先輩である鈴木佑記さんや加藤久美子さんからはいつも刺激を受け、地域や集団の比較から新たな視点に気づかされました。「モビリティと物質性の人類学」（国立民族学博物館共同研究）では古川不可知さんや土井清美さんをはじめとするメンバーのみなさまから貴重なご指摘をいただきました。小池誠さんや貞好康志さん、河野佳春さんからはインドネシア研究者としてだけではなく、コロナ禍の

研究生活のなかで立ち上がったオンライン研究会などを通じて常に助言や激励をいただき、私をはじめ多くの大学院生が力づけられてきました。また、多忙にもかかわらず原稿に目を通してくださった松井梓さん、明星つきこさん、奈良雅史さんには心より感謝を申し上げます。いただいたコメントのなかには筆者の力不足により本書に反映させられないこともありましたが、今後の研究に向けて大変ありがたいものばかりでした。

調査に際してはインドネシア研究技術省より調査研究許可をいただきました。国立ハサヌディン大学の故 Dadang Ahmad Suriamihardja 先生、故 Nur Hasanah 先生、Dorothea Agnes Rampisela 先生、Andi Amri 先生をはじめとする多くの先生がたや友人たちのご協力によって、安全に滞在・調査をおこなうことができました。バンガイ諸島では、オチェとの出会いがなければタミレ村で調査をはじめることはなかったかもしれません。筆者を娘のように支えてくださったオチェと、滞在させていただいた元村長一家の方々、そして元校長先生一家には特にお世話になりました。本書を執筆中の 2024 年 12 月、母からの電話で漁師 F の訃報を受けました。彼の惜しみない協力のおかげで海の世界にふれることができました。紙面の都合上、個別に名前を記すことのできないタミレ村のみなさまのご協力がなければ調査をおこなうことはできず、本書を書きあげることは到底できませんでした。

本書は、2022 年に京都大学大学院アジア・アフリカ地域研究研究科に提出した博士論文「インドネシア・バンガイ諸島サマ人の漁撈における環境認識」、および以下に記す主な既発表論文をもとに、その後の調査や研究で得られた情報を加え、大幅に修正したものです。

「多島海のナヴィゲーション——環境のなかを動く身体」古川不可知編『モビリティと物質性の人類学』209-226．春風社．2024．（第 5 章）
「インドネシア・バンガイ諸島のサマ人の外洋漁撈と空間認識」『アジア・アフリカ地域研究』19（2）：184-206．2020．（第 2、3 章）
「インドネシア・バンガイ諸島サマ人の環境認識：外洋漁撈をめぐる魚類・漁場・目標物の民俗分類」『東南アジア研究』58（20）：164-203．

2021．（第 4 章）

A Study of Classifications of the Seasons by Sama-Bajau Fishermen : From Four Cases in the Banggai Islands, Indonesia, Research Papers of the Anthropological Institute 11 : 46-61. 2022．（第 2 章）

　本書のための研究は多くの機関からのご支援によって遂行することができました。時系列順に、独立行政法人日本学生支援機構奨学金、京都大学学際・国際・人際融合事業「知の越境」融合チーム研究プログラム（SPIR-ITS）（研究代表者：古澤拓郎、2016 年度）、旅の文化研究所第 24 回公募研究プロジェクト研究助成(2017 年度)、平和中島財団日本人留学生奨学生(2018 年度)、日本学術振興会科学研究費補助金（特別研究員奨励費）「中部スラウェシ・サマ人の漁撈活動における知識形成と環境適応」（課題番号：19J14629、2019〜2020 年度）、日本学術振興会科学研究費助成事業　基盤研究（B）「津波常襲地における海辺居住のレジリエンス：東インドネシアと南タイの地域間比較」(研究代表者：長津一史、課題番号：20H04429、2020〜2023 年度)、澁澤民族学振興基金　大学院生等に対する研究活動助成（2021 年度)、人間文化研究機構グローバル地域研究推進事業海域アジア・オセアニア研究（MAPS）からは研究資金のご助成を賜りました。本書の刊行にあたっては、日本学術振興会令和 6 年度科学研究費助成事業研究成果公開促進費（課題番号：24HP5083）の支援を受けました。京都大学学術出版会の大橋裕和さんには、あまりにも大幅な原稿の遅れにより多大なご迷惑をおかけいたしました。本書の執筆段階から構成や内容につきまして貴重なご意見をくださり、心より感謝を申し上げます。

　何より、研究生活に理解を示し、心配しながらもいつも応援し続けてくれた父・不二男と母・いずみ、そして兄・多聞に、心より感謝いたします。

　2025 年 1 月　大阪にて

中野真備

索　引

【あ】

浅瀬　124
アナツバメ科（Apodidae）　108
アフォーダンス　205
網漁　54, 67, 80
移住　34, 39, 213
位置関係　143
位置特定技術　108
位置特定方法の選択パターン　110
一直線法　99
岩　184
インドネシア・バジャウ語（Bajau, Indonesia）　48
インドネシア語　22, 37, 126, 191, 194
海側集落　20, 38
「海的」空間　131, 186
海の「手ざわり」　139
海の空間分類　123
海の遊牧民（sea nomads）　47
海を「視る」技術　207, 212
エイ目（Rajiforms）　158
エスノ・サイエンス（ethnoscience）　10
沿岸航法　13, 205
沿岸性漁撈　119
沿岸性資源　96
エンジン　60, 74, 88, 211, 212
遠洋航海　iii, 105
オオセ属　152, 175
オセアニア航法　105

【か】

櫂　207
外海　119, 128, 132
海上移動　99, 108, 144
海上居住民　34
海上景観　113, 148, 193, 200, 205
海食柱　184
海藻　110, 175, 184
海底　208
海底微地形　128
開放性　113
海民　46
回遊魚　73
回遊性資源　96
外洋漁撈　50
可視的な目標物　146
華人　43
風　89
家船　49, 58-60
カツオドリ科（Sulidae）　108
カレオ・メオ *kareo meo*　151, 175, 177
カロエ *karoe*　109
環境　5
環境条件　5, 54
環境認識　4, 153, 213
関係性　196, 198, 200, 213
関係性としての海　213
岩礁域　124
岩石海岸　27, 202

221

聴く　207
擬似餌　71, 75
技術　210
汽水域　29
季節区分　89
季節風　74, 211
技能　210
旧集落　38, 118, 122
漁具　68
局地性　144, 205
魚種　82, 156
漁場　87, 93, 178, 196, 200
漁場の発見　88
漁場名　180
漁船　60
漁法　64
漁法選択　66
魚類　82, 156, 196, 199
漁撈　203
漁撈活動　64, 202
漁撈文化（fishing culture/maritime culture）
　4
杭上家屋　40
空間的配置　143
空間認識　133, 145, 148
空間分類（space classification）　12, 118, 175,
　181
景観　27, 191, 206
形式分析（formal analysis）　7
経路　203
月齢　93
言語　35
現集落　38
語彙素分析（lexeme analysis）　8, 153, 176
語彙素（lexeme）　8
行為　210
高級魚　85
航行ルート　144
行動　10
ココリ kokoli　61
個別名　176
コロナ禍　68
コンクリン　153
混淆　36

コンダ konda　93
コンダ期　94
コントロールされた抽出（controlled eliciting）
　7

【さ】

採集　122
採捕　78
魚の民俗分類　153
刺し網漁　80
サパ sapa　124
サマ語（バオン・サマ baon Sama）　3, 22,
　37, 48, 126, 157, 180, 191, 194
サマの起源　33, 53
サマ人　15, 46, 214
サメ　151, 158, 176, 197
サメ延縄漁　74
触る　207, 209, 210
サンゴ礁　12, 30, 41, 50, 96, 119, 132, 208
三次元的　147
恣意性　12, 153
潮の満ち引き　121
視覚　139, 207
時間区分　97
自己を定位する　143, 213
市場　43, 155
自称　36
自然物　184
シッラー sillah　128, 131, 138, 174, 197, 207
視点　194
視認　200, 203
島（プラウ）　110, 184, 205
島棚　111, 130, 175
熟練　55, 65
シンカー　69, 139, 209
人工島　41
親族関係　35
身体　206
身体化　210, 213
身体感覚　207, 210
身体的技能　210
人文地理学　12
スールー諸島　132

スケッチマップ（地図描画）法　133, 135, 140, 141
スター・ナヴィゲーション　105, 213
スッボ subbo　175
「スポット的」な空間認識　147
素潜り　78
スラウェシ系サマ語　49, 157
スラウェシ系サマ人　49
スラウェシ島　25
生態人類学　5
生物　108
石灰岩　27
セレベス海域　55
遷移帯　96
浅堆　130
「線的」認識　145
相対的な位置関係　140
ソッペ soppe　58

【た】

ダイナマイト漁　66, 76, 88
タコ　75, 176
多島海　50, 202, 214
タナー tanah　130, 131, 137, 175
タミレ村　25, 34
ダラック darak　126, 131, 175
知覚　203, 206
知識の運用　10, 206
地図　135
注意（attention）　203
聴覚　208
潮汐　93
鳥類　109
突き漁　78
ッマウ mmau　190
釣り糸　69, 208
ディラオ dilao　128, 131, 138
ティンプス timpusu　129, 181
ティンプス型　87, 129
適応　5, 204, 214
適漁期　89
手触り　209
手釣り漁　54, 68, 135

天体　105, 190, 191, 195
伝統的な漁撈活動　49
テンボ tembo　124
道具　139, 210
トゥコー　136, 197
東南アジア海域世界　46
動力化　58
動力船　59
トロー toroh（岬）　187

【な】

ナヴィゲーション　ii, 13, 99, 154, 184, 203, 212, 213, 215
仲買人　43
ナチュラル・ナヴィゲーション　108, 184
ナマコ　31, 68
二直線法　101
人間―環境関係　5, 202
認識人類学（cognitive anthropology）　6, 153
認知地図（cognitive maps）　133, 134, 136
ノマド的なボート・ピープル（nomadic boat people）　34

【は】

バーリン・システム（Berlin system）　8, 153
延縄漁　73
バジャウ Bajau/Badjau　46
バジャン（Badjan）　33
バジョ（Badjo）　33
ハタ科（Serranidae）　158
ハタ類　85
離れ岩トゥコー　79, 136, 184, 191, 197, 205
パマンガン pamangan　129
パマンガン型　87, 130
バランス感覚　62
ハロルド・C・コンクリン（Harolld. C. Conklin）　7
バンガイ王国　31
バンガイ群　35, 157
バンガイ語　180, 191, 194
バンガイ諸島　25

223

バンガイ諸島地震　38
バンガイ人　29
パンギリ *pangiri*　129, 181
パンギリ型　87, 129
帆船　61, 207, 211
半ノマド的なサマ人たち（seminomadic Bajo populations）　31
半閉鎖性外洋系海域　117, 148, 214
引き潮　93, 118
ビサヤ海域　55
ピッシ *pissi*　53
漂海民　47, 49
表現語彙素　175
不可視　6, 50, 146, 154, 183, 213
ブギス人　32
ブラスト・フィッシング（blast fishing）　76
ブレント・バーリン（Brent Berlin）　8
ブンギン *bungin*　124
分類　199
閉鎖性　113
ベッコウ　31
方角　107, 191
方名　157, 176
星　190
ボロトゥ　60
ボロトゥ・ラヤー *bolotu layah*　61

【ま】

マルク－バンダ海域　55
マングローブ林　29
岬　110, 191, 205
道　205, 215
民俗魚類学　11
民俗生物学（folk biology）　7
民俗分類　8, 153
命名　109, 194, 196, 199

命名基準　192
命名行為　153, 196
命名方法（nomenclature）　155
「面的」認識　145
目標物　99-101, 103, 113, 143, 183, 191, 194, 196, 200
潜り漁　68, 78

【や】

ヤマアテ　iii, 13, 99, 110, 145, 194, 205

【ら】

ラナ *lana*　129, 175, 181, 197
ラナ型　87, 129
ランドマーク　205
陸側集落　20, 38
陸地景観　117
「陸的」空間　131, 175, 181
リンギ *ringgi*　53, 81
ルート　193
ルッコッ *lukkok*　188
連続性　183
連続法　103
ロホッ *lohok*　188

【わ】

ワモンダコ（*Octopus cyanea*）（クイッタ *quitta*）　75, 176
湾　188, 191

【a-z】

L村　123

著者紹介

中野真備（なかの　まきび）

人間文化研究機構・東洋大学アジア文化研究所特別研究助手。京都大学大学院アジア・アフリカ地域研究研究科修了、博士（地域研究）。主な著書に、『モビリティと物質性の人類学』（分担執筆、春風社、2024年）『『君たちはどう生きるか』の天体考―星・月・隕石」（『現代思想』10月臨時増刊号、2023年）、「天文民俗の可能性──心意現象としての星から」（『現代思想』1月号、2022年）、A Study of Classifications of the Seasons by Sama-Bajau Fishermen : From Four Cases in the Banggai Islands, Indonesia, *Research Papers of the Anthropological Institute* 11, 2022.「佐渡のイカ釣り漁撈における天文民俗」（『國學院雑誌』122（7）、2021年）、「インドネシア・バンガイ諸島サマ人の環境認識──外洋漁撈をめぐる魚類・漁場・目標物の民俗分類」（『東南アジア研究』58（2）、2021年）、などがある。

海を「視る」技術
──インドネシア・バンガイ諸島サマ人の漁撈と環境認識
ⓒ Makibi NAKANO 2025

2025年2月28日　初版第一刷発行

著　者　　中　野　真　備

発行人　　黒　澤　隆　文

京都大学学術出版会

京都市左京区吉田近衛町69番地
京都大学吉田南構内（〒606-8315）
電　話　（075）761-6182
FAX　（075）761-6190
Home page http://www.kyoto-up.or.jp
振　替　01000-8-64677

ISBN978-4-8140-0569-7
Printed in Japan

印刷・製本　亜細亜印刷株式会社
定価はカバーに表示してあります

本書のコピー，スキャン，デジタル化等の無断複製は著作権法上での例外を除き禁じられています。本書を代行業者等の第三者に依頼してスキャンやデジタル化することは，たとえ個人や家庭内での利用でも著作権法違反です。